KB141828

위민훙, 달팽이 인생

[신동방교육그룹(교육)]

위민홍, 달팽이 인생

초판 1쇄 발행 | 2016년 11월 30일

저　자 | 귀량
번　역 | 김신디
펴낸이 | 김호석
펴낸곳 | 도서출판 린
편　집 | 박은주
디자인 | 박무선
교　정 | 손지숙
마케팅 | 오중환
관　리 | 김소영
주　소 | 경기도 고양시 일산동구 장항동 776-1번지 로데오 메탈릭타워 405호
전　화 | (02) 305-0210 / 306-0210 / 336-0204
팩　스 | (031) 905-0221
전자우편 | dga1023@hamnail.net
홈페이지 | www.bookdaega.com

ISBN　　979-11-87265-09-2　04300
　　　　　979-11-87265-03-0　(세트)

〈사진 출처〉
연합뉴스, 바이두 백과, Wikimedia Commons(Acroterion, Bell, C. M, Daniel X. O'Neil, Hecups,
Introvert, Jawed Karim, LPS.1, MBisanz, PD, Peter, Peter Mooney, QuarterCircleS, Richard Gould,
Trikosko, Marion S, Villa Giulia, 马立敏)

위민훙, 달팽이 인생:
세상과의 대화
LIFE OF A SNAIL:
YU MINHONG'S DIALOGUE WITH THE WORLD

차 례

유쾌한 사람, 위씨(俞氏)

소박한 부자

위민홍(俞敏洪), 그는 중국 최대 민간교육 그룹인 신동방교육
그룹(新東方敎育集團)의 설립자이며 중국에서 가장 부유한 '영어
선생님'으로 불린다. 신동방교육그룹은 신둥팡교육그룹, 또는
간단히 줄여서 신둥팡이라고도 하며 가장 중국적인 정서를 띤
문화교육기업으로 한때는 중국 민간 교육 업계에서 신앙과도
같은 존재였다.

위민홍은 현재 큰 부자이지만 사기를 당한 적도 배신을 당한
적도 있으며 함께 동거동락하던 친구를 잃은 적도 있다. 그러나
그는 늘 소박하고 유쾌하며 진실된 사람이라고 평가받는다. 위

민홍은 자신의 일상생활에 대하여 늘 대수롭지 않게 다음과 같이 말한다.

"저는 매일 하루에 백 위안(元)만 씁니다. 그 돈은 거의 대부분 먹는 데 쓰입니다. 제가 입고 있는 옷들은 모두 값이 비싸지 않습니다. 누구나 편하게 입을 수 있는 가장 평범한 옷들입니다. 지금 저에게는 차도 있고 집도 있고 앞으로 우리 아이가 공부하는 데 사용될 학비도 있으며 아내가 써야 할 생활비도 있습니다. 저는 그것만으로도 만족합니다."

위민홍은 항상 신동방(신둥팡)교육그룹의 로고가 찍힌 티셔츠를 입고 골프를 치러 다닌다. 평소에는 편한 일상복이나 운동복을 즐겨 입고 출근을 한다. 어린 아들의 머리는 줄곧 자신이 직접 깎아 준다. 그들 부자가 함께 짧은 머리를 하고 다니는 모습은 꽤 인상적이다.

위민홍은 절약이 몸에 밴 사람이며 겉보기에는 부자라는 느낌이 전혀 들지 않는다.

위민홍은 운동화를 좋아한다. 위민홍은 캐나다나 미국 등을 여행하다가 그곳에서 쇼핑을 할 때, 신발가게만 보면 그냥 지나

위민홍, 달팽이 인생

기하학적인 모양이 돋보이는 신동방(신둥팡)교육그룹의 본사 건물 모습이다.
▷출처: Wikimedia Commons

치지 못한다. 그는 반드시 가게에 들어가서 이것저것 신어 보기도 하고 신발을 신고 거울 앞에서 포즈를 취하기도 한다. 이렇게 한참 동안 신발을 신어 보며 어떤 신발을 살지 고민을 한다. 그리고 항상 그중에서 가장 싼 것으로 산다. 주변 사람들은 이런 위민홍을 보며 어린 시절 가난 때문에 신발조차 제대로 못 신어서 한이 맺혀 그런 것이라고 놀려댄다.

위민홍은 겉모습만 보면 '중국 최고의 부자 선생님'이라는 타이틀이 전혀 어울리지 않을 정도로 평범하고 소박하다. 그래서 얼굴을 그대로 드러내고 사람들이 많이 지나다니는 길거리를 돌아다녀도 아무도 그가 억만장자의 자산을 가진 '유학의 대부'

임을 알아채지 못한다.

나는 선생이다

신동방교육그룹, 즉 신둥팡의 스타일은 곧 위민홍의 스타일이다. 재치가 넘치면서도 깊은 감명을 준다. 이러한 스타일은 대부분 위민홍이 창업 과정에서 터득한 인생의 진리로, 그는 자신이 보고 느낀 것들을 모두 강의 내용에 담아낸다. 신둥팡에 가면 이런 명언들을 자주 볼 수 있다.

- 우리는 누구나 어디로 얼마나 멀리 가야 할지를 잘 모른다. 하지만 여기에서 중요한 것은 우리는 가고 있다는 것이다. 뜨거운 갈망과 열정은 우리를 새로운 세계로, 또는 새로운 풍경 속으로 이끌어 준다. 목표는 끊임없이 이어져야 한다.

- 어려움의 크기가 우리의 생활을 바꾸는 것이 아니다. 우리가 어려운 환경을 대하는 태도에 따라 우리의 생활이 바뀌는 것이다.

- 프랑스의 계몽사상가 루소는 "인간은 평등하게 태어나

장 자크 루소의 초상화 ▷출처: Wikimedia Commons

● 루소(Rousseau, Jean Jacques)

프랑스의 작가이자 사상가(1712~1778)로 스위스의 제네바에서 태어
났다. 이성보다 감성을 중요하게 생각하는 낭만주의의 기초를 마련하
였으며 인위적인 문명사회의 타락을 비판하고 자연으로 돌아갈 것을
힘주어 말하였다. 쓴 책으로는 《인간 불평등 기원론》, 《사회 계약론》
등이 있다.

지만 자신을 속박하는 굴레에서 벗어나지 못한다."라고 말했다. 그러나 현실 속에서의 진실은 루소의 말과는 차이가 있다. 진실은 "인간은 태어나서부터 불평등하며 자신을 얽어매고 있는 굴레에서 벗어나기 위하여 끊임없이 노력해야 한다."이다.

- 오래 걸어야만 다른 사람이 걸어온 길을 벗어날 수 있으며 멀리 걸을수록 다른 사람이 보지 못한 풍경을 볼 수 있다.

- 일을 제대로 하는 사람은 불평을 하지 않는다. 일할 때 우리는 평정심을 갖추어야 하고 위대한 마음도 가져야 한다. 평정심은 총애를 받거나 모욕을 당해도 놀라지 않게 해 주며 위대한 마음은 큰 뜻을 품고 멀리 내다보게 한다.

- 올바른 방향과 인내심은 우리를 가장 좋은 결과로 이끌어 준다.

- 이 세상 사람들 중에는 평생 동안 찬란했던 시절이 없는 사람이 있다. 그들의 머릿속에는 한 번도 찬란한 아이디

14

어가 없었거나 그러한 삶을 만들어 나가는 방법을 모르기 때문이다.

● 우리의 삶 속에서 가장 감동적인 날들은 목표를 향해 열심히 앞으로 나아갈 때이다. 그 목표가 아무리 작고 보잘것없는 목표일지라도 목표를 이루기 위해 노력하는 모습은 우리를 멋진 사람으로 만들고, 보잘것없는 목표들이 모여서 위대한 성과를 이룬다.

그는 시인이었다

중국의 1980년대는 이상주의자들의 시대였다. 그 시절의 시인들은 행복했었고, 이상과 시가 넘치는 젊은이들은 선망의 대상이었다.

그 시절 베이징대학교 캠퍼스에서 "저는 시인입니다."라고 자기소개를 할 수 있다면 상대방은 분명 흠모하는 눈길로 바라보았을 것이다. 위민홍은 그런 '시인'이 되어 캠퍼스 내에서 사랑을 받는 사람이 되고 싶었다.

위민홍은 베이징대학교 재학 시절 700여 편의 시를 썼지만 단한 편도 발표하지 않았다. 폐결핵을 앓고 있었던 위민홍은 폐에 3개의 구멍이 났다는 이유로 친구들로부터 '삼동시인(三洞詩人)'이라는 놀림을 받기도 했다. 사람들의 인정을 받지 못하고 실망한 위민홍은 그동안의 모든 작품을 태워버리고 시인의 꿈을 접은 채 교직을 선택했다.

10여 년이 지난 뒤, 아무도 거들떠보지 않는 구멍가게 학원을 운영하던 위민홍은 억대의 자산 가치를 지닌 거대한 교육그룹의 회장이 되었다. 그는 빈털터리였지만 한없이 순수했던 젊은 시절을 그리워하면서 《실패는 없다(永不言敗)》와 《고독과 실패, 굴욕의 폐허 위에 서다(挺立在孤獨失敗和屈辱的廢墟上)》라는 두 권의 책을 썼다. 이 두 권의 책은 모두 '신둥팡의 정신'을 대표하는 책으로 불리고 있다.

위민홍은 이 책들을 통하여 이 땅의 청년들에게 도전과 실패를 두려워하지 말라고 깨우쳐주었다. 위민홍의 글 속에는 그의 인생에 대한 철학과 사고가 담겨 있었을 뿐만 아니라 시인의 낭만도 엿보였다.

누구나 자신이 원하는 성공을 이룬 후에도 소박한 평정심을 유지하는 것은 결코 쉬운 일이 아니다. 위민훙은 언제든지 적당한 시기가 오면 회사를 다른 사람에게 맡기고 은퇴할 것이라고 말한다. 그리고 다음과 같이 앞으로 자신의 계획을 조심스럽게 밝힌다.

"저는 나이가 들면 좀 더 가치가 있고 창조적인 일을 하고 싶습니다. 그때가 되면 일상적인 경영 일선에서 물러나 그동안 읽고 싶었던 책을 읽고 사회에 유익한 글을 쓰며 사는 것이 더 나은 삶이 아닐까요?"

재미있는 학원 원장님

위민훙의 창업 시절, 전봇대와 관련된 이야기는 신둥팡의 재미있는 뒷이야기로 회자되고 있다.

신둥팡 창업 초기, 위민훙은 매일 전단지 한 아름과 옥수수풀을 들고 전봇대에 학원을 광고하는 전단지를 붙이러 다녔다. 그러던 어느 날, 도시 계획이 추진되면서 정부에서는 신둥팡 학원 대문 앞의 전봇대 두 개를 철거하기로 했다. 위민훙은 학원을 처음 세울 때부터 자신과 동거동락해 온 전봇대가 사라지는 것을 매우 안타까워한 나머지, 7만 위안을 내고 전봇대를 그대로 두도록 했다고 한다.

위민훙은 수학을 잘 못한다. 신둥팡 초창기, 첫날의 수입은 100위안이었다. 위민훙은 함께 일했던 두 명의 강사를 집에 불러다 놓고 그들에게 말했다.

"자, 선생님 40위안, 선생님 40위안 드리고 나머지는 제가 다 가지겠습니다."

두 명의 강사는 속으로 쾌재를 불렀다.

'이 사람, 진짜 돈 계산에 약하네.'

다음날 신둥팡은 1,000위안을 벌었다. 이번에도 위민훙은 강사들을 집으로 불렀다. 싱글벙글 웃는 표정으로 나타난 강사들에게 위민훙이 말했다.

"자, 선생님 40위안, 선생님 40위안 드리고 나머지는 제가 다 가지겠습니다."

강사들은 아무 말도 할 수 없었다.

학원은 현금장사이다. 위민훙은 매일 그날 번 돈을 큰 자루에 담아 어깨에 메고 집으로 가져갔다. 그리고 매월 월급날이면 돈이 가득 든 커다란 자루를 메고 사무실에 나타나 강사들에게 한 묶음씩 나누어 주었다. 이러한 위민홍의 모습은 마치 도둑 두목 같았다.

효자 위민홍

효도는 동방의 나라에서 제일 중요하게 생각하는 덕목이다. 한 사람의 됨됨이는 '효'에서부터 판단된다. 위민홍은 소문난 효자이다. 그는 어머니의 말이라면 절대 거역하는 법이 없어 때로는 동료들의 웃음거리가 되기도 한다.

위민홍은 마마보이처럼 자신이 번 돈을 모두 다 어머니에게 드리고 보관하게 한다.

1993년, 위민홍이 신동팡 학교의 사업자등록을 할 때에도 어머니가 등록증을 가져왔다. 사람들은 "신동팡의 진정한 주인은 위민홍의 어머니이다."라고 말할 정도이다.

신동팡의 사무실 한쪽에는 위민홍 어머니의 자리가 특별히 마련되어 있다. 물론 어머니가 책상에 앉아 일을 하실 수 있도록 사무용품도 갖추어져 있다. 또한 위민홍은 집에서 심심해하는 어머니를 위해 학원 주변에서 매점을 하실 수 있도록 해 드렸는데, 반년도 안 된 사이에 매점 수입이 학원 수입보다 많을 정도로 매점이 잘 되었다.

신둥팡에서 위민훙의 어머니는 수렴청정하는 '자희태후'와도 같았다. 어느 날, 위민훙은 신둥팡의 새로운 CEO로 취임한 왕챵(王强)에게 말했다.

"혹시 당신의 마음에 들지 않는 사람이 있다면 다 해고해도 좋습니다."

그러자 왕챵이 물었다.

"당신 어머니도 포함됩니까?"

왕챵의 물음에 위민훙이 크게 당황해하며 부탁하는 목소리로 말했다.

"그래도 우리 어머니만은 좀 봐주세요."

1997년 여름의 어느 점심시간, 위민훙과 왕챵, 쉬샤오핑(徐小平)은 구내식당에서 함께 점심 식사를 하고 있었다. 그때 갑자기 문밖에서 누군가 울며불며 넋두리를 해대는 소리가 들리는 것이 아니겠는가? 바로 위민훙의 어머니가 또 소란을 피우고 있었던

위민훙, 달팽이 인생

것이다.

주변 사람들은 위민훙에게 어이없다는 표정을 지어 보였고 위민훙은 무엇인가 알겠다는 의미심장한 표정을 지으며 밖으로 걸어 나갔다. 이번에야말로 위민훙이 큰 결단을 내리고 행동하겠구나 하고 생각한 왕창과 쉬샤오핑은 바로 그의 뒤를 따라 나가 보았다.

위민훙을 따라 밖으로 나간 두 사람은 그만 할 말을 잃고 말았다. 예상과 달리 위민훙은 어머니에게로 다가가 "어머니~!"라고 울부짖더니 털썩 무릎을 꿇는 것이 아니겠는가? 이런 그의 모습을 보고 왕창과 쉬샤오핑은 서로 마주 보며 고개를 절레절레 흔든 뒤 자리를 떴다고 한다.

사회에 은혜를 갚다

위민훙은 돈을 잘 벌기도 하지만 잘 쓸 줄도 아는 사람이다. 하지만 돈 계산은 못한다.

앞에서 이야기했듯이 위민훙은 숫자에 약하다. 주변 사람들은 말한다.

"위민홍에게 2분의 1 더하기 3분의 1은 무엇이냐고 묻는다면 그는 틀림없이 5분의 2라고 대답할 것이다."

숫자에 약한 사장을 둔 직원들은 행여나 어느 날 월급이 잘못 계산되어 나오지 않을까 걱정하기 일쑤이다.

아인슈타인은 음치였지만 천재적인 두뇌를 가졌다. 위민홍은 숫자에 약하지만 인문학적 지식이 뛰어나다. 이처럼 사람은 못 하는 것이 있는 반면, 잘하는 것도 있다.

숫자 계산에 약한 위민홍이지만 사회 공익활동에는 적극적으로 참여할 줄 안다. 위민홍은 그 누구보다 사회 공익활동에 깊은 관심을 가지고 '희망학교' 지원, '사스' 지원, 불우이웃 돕기 등 다양한 공익 프로젝트에 적극적으로 참여해 왔다.

신둥팡교육그룹의 사업이 번창하면 번창할수록 위민홍은 점점 더 많은 돈을 다양한 방법으로 기부해 왔다. 또한 재능기부로 무료강좌를 진행하기도 했고, 2억 위안을 투자하여 양저우(揚州)에 외국어학교를 세우고 교직원들과 직원들에게 지분을 나누어주기도 했다.

위민홍의 기부활동은 신둥팡교육그룹의 이미지를 높이고 영향력을 확대하는 데 큰 도움이 되었다. 위민훙은 학교를 세우는 자선사업은 후대를 양성하는 백년대계의 중요한 일로 개개인의 힘만으로 추진하기 어려우므로 전 사회적인 참여가 필요하다고 늘 강조해왔다.

위민훙의 약점?

세상에 완벽한 사람이 없듯이 저마다 치명적인 약점을 가지고 있다. 위민훙의 약점은 무엇일까?

위민훙은 우유부단한 성격의 소유자이다. 어릴 적부터 강한 성격의 어머니 밑에서 자라서일까? 위민훙은 성격이 온순하고 자기주장이 강하지 않으며 추진력 또한 약하다. 그런 그가 인생에서 맞이한 몇 가지 전환점은 어쩌면 모두 강박에 의해서 이루어진 것인지도 모른다.

위민훙이 대학교를 졸업한 뒤 그의 동창들은 모두 해외로 유학을 떠났다. 부인은 홀로 남겨진 위민훙에게 "쓸모없는 사람"이라고 말하며 구박했다. 부인의 구박을 받던 위민훙은 방 안에 틀어박혀 홧김에 영어사전을 통째로 외워 토플을 통과했다.

교직원 시절, 외부에서 몰래 영어강사 아르바이트를 해온 것이 들통나서 공개적으로 비판을 받게 되자, 위민훙은 하는 수 없이 베이징대학교의 강사라는 '철밥통'을 버리고 창업의 길을 선택했다. 또한 신둥팡교육그룹의 고위층과 주주들 간의 불화가 없었다면 신둥팡 학교는 현대적인 기업제도를 도입하지도, 주식 상장을 꿈꾸지도 않았을 것이다.

본래 심성이 착한 위민훙은 큰일이 닥치면 우유부단해지고 자신의 잘못된 판단이나 성급한 행동으로 누군가에게 상처를 줄게 될까 봐 안절부절못한다. 신둥팡을 여러 사람이 함께 동업하는 형태에서 주식제로 바꾸기까지 그는 심한 마음고생에 끊임없이 시달렸다.

위민훙의 어머니는 그가 학교를 분열시키고 있다며 3일 동안 식음을 전폐하고 난동을 피웠고, 신둥팡의 주주들과 고위층은 서로 간의 믿음이 깨진 상태에서 첨예한 대립각을 세웠다. 결론적으로 모든 사람들이 공식 석상에서도 사적인 자리에서도 위민훙을 모든 문제의 원인으로 지목했을 때, 그는 쉽게 아물 수 없는 상처를 받았다.

위민훙, 달팽이 인생

하지만 위민홍은 자신의 성격이 신둥팡의 발전에 걸림돌이
되지는 않았다고 말한다.

"만약 나의 성격에 유순한 부분이 없었다면 신둥팡교육그룹
은 오늘날과 같은 성과를 이루지 못했을 것입니다. 어쩌면 나의

자신의 순하고 때로는 우유부단하기까지 한 성격에
대하여 전혀 불만을 갖지 않고 있다.   ▷출처: 바이두 백과

성격이 조금만 더 강직했더라면 신둥팡은 벌써 해체되었을지도
모릅니다."

위민홍의 유순한 성격은 신둥팡교육그룹의 뛰어난 인재들을
남겼고, 그룹이 삐거덕거리는 상황에서도 앞으로 나아갈 수 있
게 이끌었으며, 뉴욕에서의 상장도 가능하게 했다.

2

춥고 따뜻했던 나날들

절망 속에서 찾은 희망

20세기 1980년대의 중국은 새로운 시대를 맞이하게 된다. 문화대혁명 이후 다시 시작된 고시시험은 시골에서 살고 있는 청년들에게 운명을 바꿀 수 있는 절호의 기회를 제공해 주었다. 위민홍은 그 당시 대부분의 중국 청년들과 마찬가지로 중학교를 마치고 '마오쩌둥의 지시'에 따라 농촌으로 교육을 받으러 가게 되었다.

위민홍이 시골에서 전원생활을 누리고 있을 때, 그의 어머니는 아들이 시골에서 평범하게 살기를 원하지 않았다. 아들의 출세를 바랐던 위민홍의 어머니는 온갖 방법을 동원하여 그가 다

문화대혁명을 주도한 마오쩌둥의 붉은 깃발　▷출처: Wikimedia Commons

시 학교로 돌아가 공부할 수 있도록 노력하였다.

얼마 후 위민홍은 후차오중학교(胡橋中學)에서 교직 생활을 하게 된다. 1978년 위민홍은 처음으로 고시시험을 보게 되었지만 5점 차이로 낙방하게 되었다. 워낙 승부욕이 없었던 위민홍은 시험 결과에 그리 낙담하지 않고 대수롭지 않게 생각했지만 그의 어머니는 그렇게 생각하지 않았다. 위민홍의 어머니는 이듬해 다시 그가 고시시험을 볼 수 있도록 뒷바라지를 해주기로 마음먹었다.

그러나 어머니의 헌신적인 뒷바라지에도 불구하고 위민홍은

위민홍, 달팽이 인생

1976년, 베이징의 담벼락에 문화대혁명의 구호가 쓰여 있다. 첫 번째 줄에는 '신선한 피와 생명으로 당 중앙을 보위하자!', 두 번째 줄에는 신선한 피와 생명으로 마오 주석을 보위하자!'라고 쓰여 있다.
▷출처: Wikimedia Commons

두 번째로 도전한 시험에서도 역시 낙방했다. 첫 번째와 달리 두 번째의 실패는 위민홍에게 큰 상처를 주었다. 이때 위민홍의 어머니가 격려해 주었다.

"최선을 다했으니 됐다. 너무 마음 쓰지 마라. 한편으로는 아이들을 가르치며 시험 준비를 했으니 얼마나 힘들었을까? 시험이야 내년에 다시 보면 될 것 아니냐?"

위민홍의 어머니는 낙담한 그를 안쓰럽게 생각했다. 하지만 어머니로서도 별 뾰족한 방법이 없었다.

위민홍이 교편을 잡은 후차오(葫橋)는 시골이지만 풍경이 수려한 고장이다. 작은 시골 마을에서 '선생님'은 꽤 존경받는 직업으로 그곳에서의 삶도 그리 나쁘지만은 않았다. 일상에 익숙해

문화대혁명 때 앞장선 홍위병을 묘사한 그림. 홍위병들은 중국 문화대혁명의 추진력의 하나가 된 학생 조직으로 《마오쩌둥 어록》을 한 손에 들고 '혁명에는 타당성이 있다.', '낡은 것을 부수고 새것을 세우자.' 등의 슬로건을 내세우고 마오쩌둥을 지지하였다.

▷출처: Wikimedia Commons

진 위민홍은 평범한 시골 학교 선생님의 삶을 받아들이기 시작했다.

이때 위민홍에게는 스싱차이(时興才)라고 하는 룸메이트가 있었다. 스싱차이는 자신의 젊은 시절을 떠올리며 시골에서 별 일 없이 나이 들어가는 위민홍을 안타깝게 여겨 위민홍의 어머니를 찾아갔다. 스싱차이는 위민홍의 어머니에게 위민홍은 아직 젊고 능력이 있으므로 기회를 놓쳐서는 안 된다고 힘주어 말했다. 스싱차이의 말에 힘을 얻은 위민홍의 어머니는 무릎을 탁 치며 다

● **중국에 휘몰아친 문화대혁명(文化大革命)**

문화대혁명은 1966년, 중국에서 시작된 대규모 사상 · 정치 투쟁의 성격을 띤 권력 투쟁이다. 마오쩌둥(毛澤東) · 린뱌오(林彪) 등은 수정파 사회주의자, 반당파, 반사회주의자를 철저하게 비판하면서 학생 중심의 홍위병과 당의 핵심과 청년 지식인으로 이루어진 혁명소조 등을 동원하여 류사오치(劉少奇) 국가 주석 등 당과 행정부 간부를 자본주의의 길을 걷는다는 이유로 몰아냈다. 그 후 약 10년 동안 린뱌오가 물러나는 등 내부적인 대립이 계속되다가 마오쩌둥이 사망한 후 1976년에 끝났다.

시 한번 위민홍을 삼수의 길로 들어서게 했다.

첫사랑

1979년 가을, 고시준비반에는 40명의 재수생들이 밤낮을 가리지 않고 열심히 공부하고 있었다. 결국 삼수를 선택한 위민홍은 이번 기회가 마지막 기회라는 것을 직감하고 공부에 전념하고 있었다. 그런데 그런 그에게 사랑이 찾아오게 될 줄은 누가 알았겠는가?

고시준비반에서 열심히 공부하던 위민홍은 언제부터인가 옆자리에 앉은 런훙(任紅)이라는 소녀에게 눈길을 주게 되고 어느새 그녀를 좋아하게 되었다.

부모가 일찍 이혼을 한 런훙은 홀어머니와 함께 살고 있었다. 위민홍은 그런 불우한 환경의 런훙을 가까이에서 지켜보며 힘들 때마다 도와주다가 마침내 그녀와 사귀게 되었다. 런훙은 조용하고 말수가 적은 소녀였다. 위민홍은 그런 런훙을 늘 밝게 대하며 그녀에게 용기를 북돋워 주었다. 런훙은 위민홍의 따뜻함에 차츰 마음을 열었다.

위민홍, 달팽이 인생

● 중국 최초의 국립 종합대학교, 베이징대학교(Peking University, 北京大學(북경대학))

베이징대학교는 중국의 수도 베이징에 위치해 있는 중국 최초의 국립 종합대학교이다. 1898년, 원, 명, 청 시대의 최고 교육기관인 국자감을 대신하여 '경사대학당'이라는 이름으로 처음 세워졌다. 1912년, 중화민국이 성립되면서 베이징대학으로 이름이 바뀌었다. 베이징대학교는 신문화운동의 중심이 되어 근대적인 학술 연구가 이루어지기도 했고 학생운동의 근거지 역할을 하기도 했다. 베이징에 주 캠퍼스와 보건 캠퍼스가 있고 광둥 성 선전에 선전 캠퍼스가 있다. 노벨 물리학상을 수상한 양전닝(楊振寧)과 리정다오(李政道), 정치가 마오쩌둥, 《아큐정전(阿Q正傳)》을 쓴 작가 루쉰(魯迅) 등이 모두 베이징대학교 출신이다.

그러나 행복한 시간은 늘 짧은 법이다.

고시시험이 끝나고 런홍은 40명의 재수생 중 유일하게 낙방한 학생이 되어 다음 해에야 비로소 현지의 사범학교에 입학하게 되었다. 이에 비해 위민훙은 베이징대학교(北京大學)에 입학하여 현지의 주요 뉴스 인물이 되었다.

위민훙은 대학교로 떠나기 전날 런홍을 만났다. 두 사람은 시냇가에 나란히 앉았다. 위민훙은 런홍에게 꼭 돌아올 것이라며 수도 없이 다짐했지만 그들은 두 사람에게 찾아올 어두운 앞날을 예감하고 있었다.

베이징대학교에 입학한 위민훙은 매일 편지를 써서 고향에 있는 런홍에게 보냈다. 그러나 시간이 지날수록 런홍은 큰 도시에서 생활하며 나날이 달라지고 있는 위민훙을 느낄 수 있었다. 런홍은 위민훙이 자신보다 한발 앞서 나갔지만 이제 더 이상 붙잡을 수 없는 사람이 되었다는 것을 깨달았다.

그 뒤 몇 년이 지난 후에도 위민훙은 가끔씩 첫사랑이었던 그녀를 떠올리고는 했다.

베이징에서의 학교생활

　1980년, 위민홍은 소원대로 중국 최고의 석학들이 모인 베이징대학교에 입학했다. 그해 여름 위민홍의 베이징대학교 입학으로 가족들은 한껏 축제 분위기에 휩싸였다. 그의 어머니는 시골 동네에서 큰 잔치를 베풀어 아들의 '장원급제'를 널리 알리며 축하했다.

　시골에서 상경한 위민홍은 이불, 세면 대야, 그 외 비밀스러

고풍스러운 분위기의 베이징대학교 건물. 베이징대학교는 청 왕조의 정원이 자리 잡았던 곳에 세워져서 옛 건물, 정자, 정원 등 중국의 전통적인 경치를 느낄 수 있다.
▷출처: Wikimedia Commons

운 물건들이 담긴 자루를 짊어지고 거대하고 아름다운 베이징대학교 캠퍼스에 들어섰다. 베이징대학교에서의 새로운 생활은 시골뜨기였던 위민훙에게 신기하기만 했다.

처음 구내식당에 간 위민훙은 친구들이 옥수수죽을 먹고 있는 것을 보고 의아해했다.

'시골에서는 돼지 먹이로 쓰이고 있는 옥수수를 여기서는 왜 사람들이 먹고 있지?'

위민훙과 베이징대학교 사이에는 보이지 않는 수많은 거리감이 존재했다. 시골에서 갓 올라온 삼수생 위민훙은 많은 것을 새롭게 보고 배워야만 했다.

어느 날, 위민훙은 같은 기숙사에서 지내고 있는 친구가 책을 읽고 있는 것을 보았다. 친구가 읽고 있는 책이 어떤 책인지 궁금했던 위민훙이 물었다.

"무슨 책을 읽고 있어?"

그러자 그 친구는 읽던 책에서 눈을 떼지도 않은 채 귀찮은 듯이 대답했다.

"《제3제국의 흥망》."

● 위민홍의 자존심을 상하게 했던 《제3제국의 흥망》

윌리엄 L. 샤이러가 쓴 책이다. '나치 독일의 역사'라는 부제가 붙어 있다. 히틀러를 중심으로 나치당 및 제3제국의 성쇠와 흥망을 묘사한 책으로, 제2차 세계대전의 역사를 다루고 있다. 미국의 저널리스트인 윌리엄 L. 샤이러는 특파원으로 프랑스, 독일 등에 체류하면서 나치의 집권 과정을 직접 겪고 이 책을 썼다고 한다.

윌리엄 L. 샤이러가 쓴 《제3제국의 흥망》의 표지
▷출처: Wikimedia Commons

책의 제목을 들은 뒤 그 책에 대하여 더 궁금해진 위민홍이 다시 물었다.

"영어학과 학생이 그런 책은 왜 읽는 거야?"

그러자 친구는 경멸하는 눈길로 위민홍을 한번 흘깃 쳐다보고는 대답조차 해주지 않았다.

친구의 반응에 위민홍은 자존심이 크게 상했다. 그는 한달음에 서점으로 달려가 《제3제국의 흥망》을 샀다. 위민홍은 이 책을 한 번 읽어보고 두 번 읽어봤지만 책의 내용에서 별로 대단한 점은 없어 보였다. 몇 년이 지난 후 위민홍이 읽었던 많은 책들은 그의 책장에서 사라졌지만 이 책만은 계속 그 자리에 '모셔져' 있었다.

《제3제국의 흥망》이 위민홍이 베이징대학교에서 당한 첫 번째 굴욕이었다면 그의 두 번째 굴욕은 영어였다. 그동안 위민홍이 가장 자랑스럽게 생각했던 영어가 대학 생활에서의 걸림돌이 되고 말았다.

위민홍은 줄곧 주입식 교육을 받아왔다. 학업성적은 우수했지만 제대로 된 정규 교육을 받지 못했다. 특히 영어 과목은 문

2015년 4월, 위민홍이 중국의 동북부 도시 심양에서 열린 중국 녹색 기업 회의에서 연설하고 있다. ▷출처: 연합뉴스

제품이식의 학습 위주였으므로 듣기, 회화와 같은 실용적인 실력은 많이 부족했다.

영어학과에 입학한 위민홍에게 있어 가장 큰 골칫거리는 듣기와 회화였다. 수업 중의 발표 시간은 위민홍에게 큰 부담으로 다가왔고 발표 시간에 말 한마디도 제대로 못하는 그를 점점 더 존재감이 없는 사람으로 만들었다. 전공 교수마저 위민홍의 형편없는 영어 실력에 고개를 절레절레 흔들며 위민홍에게 다음과

제2장 춥고 따뜻했던 나날들

같이 말할 정도였다.

"자네는 이름을 말할 때 빼고는 도대체 무슨 말을 하는지 한 마디도 못 알아듣겠군."

그날 이후 위민훙은 작은 라디오 한 대를 들고 미친 듯이 영어 듣기 공부를 시작했다. 그는 밥 먹고 자는 시간을 빼놓고는 하루 종일 라디오를 품에 안고 영어 방송을 들으면서 듣기 공부에 열중했다. 훗날 위민훙은 그 시절을 떠올리며 다음과 같이 말했다.

"같은 반 친구들은 제가 마치 배고픈 늑대처럼 살기가 넘쳐 방송을 듣고 있었다고 말하더군요."

그뿐만 아니라 위민훙은 자신이 알고 있는 영어 단어의 개수가 턱없이 부족하다는 것을 깨달았고, 그 뒤 매일같이 영어사전을 들고 다니며 쉴 새 없이 외우기 시작했다.

해가 바뀌면서 라디오와 영어사전의 위력이 빛을 발하기 시작했고 위민훙은 그동안 잃어버렸던 영어에 대한 자신감을 점점 되찾게 되었다. 끈질기게 노력한 끝에 위민훙은 일반적인 영어 단어는 물론, 잘 알려지지 않은 어려운 영어 단어까지 외우고 활용하면서 전공 교수의 칭찬을 받기도 했다. 칭찬은 고래도 춤추게 한다고 하지 않았던가? 자신감으로 충만한 위민홍은 단어 외우기에 더욱더 집중했고 나중에는 '영어 단어 전문가'라는 별명을 얻기도 했다.

그때 위민홍이 속해 있던 영어학과에는 영어 발음이 아나운서처럼 정확한 사람, 문법 활용을 기가 막히게 잘하는 사람 등 각기 다른 분야에서 두각을 나타내는 여러 인물들이 존재했다. 그 가운데에서 위민홍은 '살아 있는 사전'으로 불렸다. 자나 깨나 사전을 끼고 살던 위민홍은 드디어 주변 사람들의 인정을 받기 시작했다.

그러던 중 위민홍은 대학 3학년 때 폐결핵으로 일 년 동안 휴학을 해야만 했다.

'이제야 겨우 같은 과 친구들과 수준을 맞추어 학교에 다닐 만해졌는데 일 년을 쉬게 되다니! 일 년 뒤에는 또 얼마나 뒤처지게 될까?'

위민홍은 자신의 건강보다 학업을 먼저 생각하며 걱정스러운 마음에 고개를 떨구었다.

베이징대학교 도서관 건물의 모습. 위민홍은 베이징대학교 도서관에서 수많은 책들을
읽고 지식을 쌓으면서 의미 있는 시간을 보냈다.   ▷출처: Wikimedia Commons

그러나 이 일 년은 위민홍에게 또 다른 기회를 부여해 주었
다. 베이징대학교 도서관은 세계적으로도 책 보유량이 많기로
유명한 곳이다. 위민홍은 일 년 동안 도서관에서 매일 두 권의
책을 읽어내는 속도로 총 600여 권의 책을 읽었다. 그는 수많은
책을 읽으면서 그 속에서 삶의 지혜와 이성, 사고방식을 배우게
되었다.

위민홍은 베이징대학교 시절에 대하여 다음과 같이 이야기한 적도 있다.

"베이징대학교를 다니는 5년 동안 저를 좋아해 준 여학생은 아무도 없었습니다."

첫사랑과의 이별 후 오랜 시간 동안의 외로움은 그에게 인내심과 참을성을 길러 주었다.

베이징대학교의 도시적인 캠퍼스에서, 갓 시골에서 올라와 표준어도 제대로 구사하지 못했던 위민홍은 당연히 언행이나 몸가짐이 도시 학생들보다 세련되지 못했을 것이다. 도시 학생들보다 못하다는 열등감 때문에 위민홍은 여학생들에게 적극적으로 다가가 본 적도 없으며 달콤한 캠퍼스 연애 따위를 꿈꾸지도 못했을 것이다. 열등감이 점점 심해질수록 위민홍은 더욱 공부에 매달렸고 동아리 활동도 외면했다.

베이징대학교에서 위민홍은 줄곧 변두리 생활을 이어갔다. 이런 변두리 생활은 그의 마음속 깊은 곳에 언젠가 반드시 출세해서 모든 사람들 앞에 당당히 나서고야 말겠다는 처절한 욕망을 심어주었다.

다행히 위민홍은 힘든 환경 속에서도 포기하지 않고 자신이 정해 놓은 목표를 향해 한 걸음 한 걸음 나아갈 수 있는 강한 의지를 가지고 있었다. 위민홍은 자신의 열등감을 노력으로 승화시켜 공부에 더욱 열중했다.

1985년, 위민홍은 공부를 마친 뒤 베이징대학교의 강사로 남았다. 학교에서는 위민홍에게 8평방미터짜리 지하실을 숙소로 제공해 주었는데 마침 숙소 건물의 주요 하수구가 그의 방 벽을 지나고 있었다. 위민홍의 방은 24시간 동안 물 흐르는 소리가 끊이지 않고 들리는 곳이었다.

물 흐르는 소리가 들리는 방에서 지낸 지 4년 후, 학교에서는 위민홍에게 10평방미터짜리 숙소를 제공해 주었다. 그때 위민홍은 얼마나 기뻤는지 모른다. 그는 그때의 한없이 기뻤던 마음을 아직도 잊을 수 없다고 한다. 위민홍은 자신을 배려해 준 베이징대학교에 대해 고마워하며 평생 동안 베이징대학교를 위해 몸 바쳐 일하겠다고 다짐했다.

대학 강사가 된 후에도 위민홍은 인간관계에 능숙하지 못했다. 그의 유머가 넘치는 강의는 학생들의 호감을 샀지만 교수들

베이징대학교 홈페이지 화면 ▷출처: 베이징대학교 홈페이지

사이에서는 인기가 없었다.

20세기 1980년대 말부터 1990년대 초까지의 중국은 개혁개방 이후의 첫 번째 출국 바람이 휘몰아칠 때였다. 해외로 나가는 것은 마치 높은 신분의 상징과 성공의 이정표와도 같았다. 위민홍이 10평방미터짜리 숙소를 얻었다고 기뻐할 때 그의 몇 안 되는 친구들은 벌써 국경 너머의 삶을 그리고 있었다. 위민홍은 그 당시의 변화를 뒤늦게 깨달았다.

"한동안 시간이 지나고 나니 주변 친구들이 모두 사라지더군요. 훗날 친구들에게서 온 엽서를 받고서야 그들이 모두 미국으로 갔다는 것을 알았죠."

머나먼 유학의 길

위민홍은 1986년 3월 26일 결혼을 함으로써 외로운 독신 생활에 종지부를 찍었다. "한 여자의 성공은 자신의 발전보다 그의 남자를 성공으로 이끄는 것"이라는 말이 있다. 위민홍은 아내의 끝없는 '잔소리' 속에서 1988년 드디어 토플(TOEFL)과 GRE 시험에 합격하여 해외로 향한 첫걸음을 내디뎠다.

그러나 때마침 미국에서는 중국 유학생들에 대한 유학정책을 변경하여 홍수처럼 몰려드는 중국 유학생들을 제한하기 시작했다. 이제 겨우 '해외유학'이라는 문고리를 잡은 위민홍에게는 큰 타격이 아닐 수 없었다.

1992년, 위민홍은 미국의 몇 개 대학에서 입학통지서를 받았지만 대부분 장학금이 없는 조건이었다. 당시 미국 대학의 학비는 약 2만 달러 정도로 인민폐로 환산하면 약 12만 위안 정도였는데, 위민홍이 힘들게 일하면서 받은 월급은 고작 120위안에 불과했다. 미국 대학의 학비는 위민홍에게 있어 천문학적인 수

● 영어 구사 능력을 평가하는 토플(TOEFL)

미국, 캐나다, 영국, 오스트레일리아 등 영어권 나라에서 대학이나 대학원에 입학할 때 영어를 모국어로 사용하지 않는 사람을 상대로 영어 구사 능력을 평가하는 시험이다. 'TOEFL'은 'Test of English as a Foreign Language'의 약자이다. 영어권 나라의 대학이나 대학원에 입학하고자 하는 학생이 영어로 수업을 받을 수 있는지를 평가하는 것으로 미국 ETS(Educational Testing Service)사의 시험 또는 상표명이다. 전 세계적으로 관리하는 미국 ETS의 등록 상표로 1964년 처음으로 시행되었다. 시험 분야는 듣기, 문법, 독해, 쓰기(논술), 말하기(구술)이고 시험 유형에는 인터넷 기반 시험(IBT, Internet-based TOEFL Test), 컴퓨터 기반 시험(CBT, Computer-based TOEFL Test), 종이 기반 시험(PBT, Paper-based TOEFL Test)이 있다. 맨처음에 도입된 종이 기반 시험은 듣기, 문법, 독해 분야만 평가하였고 컴퓨터 기반 시험이 도입되면서 쓰기 분야가 추가되었다. 인터넷 기반 시험은 기존의 문법 분야가 없어지고 말하기 분야가 추가되어 듣기, 독해, 말하기, 쓰기 분야를 평가한다.

치와도 같았다.

　위민홍이 쉽게 결정을 내리지 못하고 있을 때, 미국의 어느 이류 대학에서 그에게 4분의 3 정도의 장학금을 지원해 줄 수 있

토플(TOEFL) 홈페이지 화면　　　　　　　　　　　　▷출처: 토플(TOEFL) 홈페이지

위민홍, 달팽이 인생

다는 조건을 제시해왔다. 대부분의 학비가 해결되었지만 나머지 4분의 1의 학비, 약 5,000달러가 남아 있었다. 이것도 그에게는 감당하기 버거운 돈이었다. 위민홍은 유학을 가기 위해서 돈을

● 영어권 나라들의 대학원 입학 자격시험, GRE

해외유학을 생각하고 있다면 GRE(Graduate Record Examination) 시험에 관심을 갖고 꾸준히 준비해야 한다. GRE란, 미국을 중심으로 여러 영어권 나라들의 대학원 및 경영대학원에 입학하려는 학생들을 평가하는 시험을 말한다. 이 시험은 1949년에 ETS에서 개발되었으며 평가 분야는 언어 추론과 수리 추론, 비판적 사고, 분석적 사고를 통한 작문 능력이다. GRE는 크게 일반 시험(General Test)과 과목 시험(Subject Test)으로 나뉜다.

각 대학원에서 요구하는 GRE 점수는 학교와 학과마다 다르며, GRE 점수가 지닌 중요성도 단순히 입학을 허가하는 수준에서 입학 여부를 결정하는 중요한 선택 요소까지 범위가 다양하다.

모아야 했다.

위민홍은 몇몇 친구들과 TOEFL반을 열어 돈을 벌기로 결심했다. 당시 중국은 수많은 유학 준비생들 때문에 학원 거리 곳곳에는 TOEFL, GRE반이 넘쳐났다.

GRE 홈페이지 화면

▷출처: GRE 홈페이지

위민훙, 달팽이 인생

규모가 아주 작은 학원에서도 베이징대학교와 같은 명문 대학교의 강사를 초빙하면 '베이징대학교'라는 이름을 앞에 내세워학원 사업을 잘 해왔다. 베이징대학교의 강사로 일하고 있는 위민홍 역시 같은 방법으로 학생들을 많이 불러 모을 수 있었다. 그러나 이 일은 학교 측에 들켜버렸고, 그 무엇보다 명예를 중요하게 생각하는 베이징대학교는 이 일을 그냥 넘어가지 않았다.

　1990년 가을, 베이징대학교에서는 교내방송을 통해 공개적으로 위민홍에 대한 처분을 발표했다. 주요 내용은 위민홍이 베이징대학교라는 이름을 걸고 사사로이 학원을 차려 학교의 명예에 먹칠을 했다는 것이다.

　학교의 발표에 대해 전혀 아는 바가 없었던 위민홍은 큰 혼란에 빠졌다. 베이징대학교의 캠퍼스에 몸담고 있던 내내 늘 이름없는 존재였던 그는 하룻밤 사이에 전교생의 입에 오르내리는뜨거운 이슈의 중심에 선 존재가 되어 버렸다. 1991년 9월, 위민홍은 베이징대학교에 사직서를 제출했다.

　위민홍은 열등감이 많았지만 자존심이 없는 사람은 아니었다. 베이징대학교에 의해 버려진 그는 11년 동안 생활해오며 자신의 모든 것이었던 베이징대학교와 작별을 고했다. 그와 동시에 위민홍의 삶은 등대를 잃고 망망한 바다 위를 떠다니는 작은 배처럼 위태롭게 휘청거리기 시작했다. 그는 많이 외로웠고 지독하게 절망스러웠다.

위민홍, 달팽이 인생

3

순금기

베이징대학교 울타리 밖에서 살아남기

베이징대학교를 떠난 지 오랜 세월이 지났는데도 베이징대학교를 생각할 때마다 위민훙은 복잡한 심경을 감추지 못한다. 베이징대학교는 그에게 성공의 희열을 가져다주었고 뼈아픈 실패를 맛보게 했다. 하지만 그 실패를 통해서 오늘날의 위민훙이 탄생했다.

고시시험의 실패 뒤에는 베이징대학교가 있었고 베이징대학교의 공개처분 뒤에는 신둥팡이라는 기회가 숨어 있었다. 위민훙은 말한다.

"어쨌든 저의 오늘날의 모든 것은 베이징대학교가 준 것이나 마찬가지입니다. 그게 어떤 방식이었든지 그와 전혀 상관없이 말입니다."

베이징대학교에 사직서를 제출한 후 위민훙은 그동안 정들었던 10평방미터짜리 숙소를 떠났다. 일하면서 모아놓은 돈도 없었고 갑자기 직장도 잃은 그는 식구들을 이끌고 고달픈 셋방살이를 시작할 수밖에 없었다. 베이징대학교를 떠난 1991년부터 1993년까지 그는 무려 다섯 번이나 이사를 해가며 생계를 어렵게 유지해왔다.

학교를 떠난 위민훙은 집을 찾아 여기저기를 헤매고 다녔다. 시내에 있는 집은 감히 엄두도 못 냈고 교외에 있는 농가조차 그에게는 너무 비쌌다.

그러던 어느 날, 위민훙이 여느 때처럼 농가 한곳을 돌아본 뒤 실망에 빠져 뒤돌아서려고 할 때였다. 그의 눈에 농가의 마당에서 그 집 아이가 숙제를 하고 있는 모습이 보였다. 위민훙은 농가에 다시 들어가 그 집 부부에게 말했다.

"제가 아이에게 공부를 가르쳐 주면 안 되겠습니까? 아이의 성적이 반드시 10등 안에 들 수 있도록 하겠습니다. 그 대가로

집을 무료로 빌려 주십시오."

　부부는 한참 망설이다가 위민홍의 제안을 받아들였다.

　위민홍이 아이를 가르친 뒤 얼마 지나지 않아 그 집 아이의 성적은 반에서 5등 안에 들었고 위민홍은 잠시 살 곳을 얻어 새

● **가시밭길이었던 위민홍(俞敏洪, Yu Minhong)의 나날들**

위민홍은 1962년 10월 15일, 중화인민공화국의 장인 시에서 태어났다. 가난한 농민 집안의 아들로 태어난 위민홍은 세 번이나 도전한 끝에 베이징대학교의 영어학과에 입학했다. 힘들게 명문대학교에 들어 갔지만 그의 앞길은 순탄하지 않았다. 위민홍은 표준어에 익숙하지 않아 사람들과 소통하기 어려웠고 영어학과 학생이라고 보기 힘들 정도로 영어를 읽을 줄 몰랐기 때문이다. 위민홍은 열심히 공부하고 노력했지만 대학 생활 내내 좋은 성적을 얻지 못했다.

대학교를 졸업한 위민홍은 유학 준비를 시작했다. 인생을 바꿔 보기 위해서였다. 하지만 유학의 길도 쉽지 않았다. 위민홍은 3년 동안 유학을 준비했지만 결국 실패했다. 그 뒤 베이징대학교의 영어 강사 일을 구했고 다시 유학을 꿈꾸다가 좌절했지만, 결국 중국 영어교육 시장의 확장 가능성을 엿보면서 신동팡을 설립했다.

로운 삶을 시작했다.

2년 뒤 위민홍 부부가 시내로 이사를 가려고 하자 농민 부부는 안채를 내줄 테니 아이에게 공부를 계속해서 가르쳐 달라고 부탁했다. 위민홍은 시내로 이사 간 뒤에도 일주일에 두 번씩 아이의 공부를 봐주겠다고 약속했다.

1993년, 위민홍이 여기저기 이사를 하며 사는 동안 그의 '신둥팡' 학원은 서서히 자리를 잡게 되었다. 조금씩 돈을 모으기 시작한 그는 마침내 베이징 주변의 농가를 사서 '내 집 마련'에 성공했다.

세 번이나 유학을 준비해온 위민홍은 GRE, TOEFL 시험에 대해 손금 보듯 잘 알고 있었다. 더욱이 여러 해 동안 베이징대학교에서의 교직 생활 경력과 학원 강사 경험으로 위민홍의 학원은 수강생들 사이에서 인기가 많았다. 베이징대학교라는 큰 강단에서 작은 학원으로 바뀌었을 뿐, 위민홍이 하는 일은 변함이 없었다. 그는 장소에 상관없이 학생들을 열심히 가르치고 있을 뿐이었다. 위민홍이 계속 베이징대학교에 있었다면 당시 베이징대학교의 보잘것없는 월급으로 그는 영원히 유학의 꿈도

꿀 수 없었을 것이다.

위민훙은 일을 힘들게 시작했고 고통스러운 생계의 어려움을 겪었지만 여전히 긍정적인 마인드로 자신의 밝은 미래를 그려왔다. 그리고 마침내 그는 자신의 사업이라는 것을 시작하게 되었다. 위민훙의 베이징대학교에서의 교직 생활 경력과 학원 강사 경력은 그가 학원을 운영하는 데 더없이 좋은 배경이 되어 주었다. 그렇게 위민훙은 절망 속에서도 새로운 삶과 드넓은 세상을 열어나갔다.

부부가 운영하는 영어학원

그 누구도 나스닥 상장회사인 신둥팡이 처음에 중관촌 제2초등학교(中關村第二小學)의 낡은 집을 빌려 시작했다는 사실을 믿기 어려울 것이다. 위민훙은 사립대학인 '둥팡대학(동방대학)'의 명의를 빌려 '둥팡대학 영어학원(東方大學英語培訓部)'을 세웠다. 이렇게 위민훙은 학원을 세웠지만 사실 직원이라 해 봐야 그들 부부 두 사람뿐이었다.

베이징대학교에서 나온 후 위민훙은 사립대학인 둥팡대학에서 얼마 동안 영어를 가르친 적이 있었다. 한동안 학생들에게 영어를 가르치는 일을 하다 보니 그는 자기 스스로 영어학원을 세워보고 싶다는 생각이 들었다. 위민홍은 자신의 생각을 곧 실천으로 옮겼다. 그는 둥팡대학에 약 15퍼센트의 관리비를 주는 조건으로 둥팡대학의 명의로 영어학원을 열었다.

1991년 겨울, 위민홍 부부는 중관촌 제2초등학교의 허름한 교실에 작은 간판을 걸고 사업을 시작했다. 그해 위민홍의 나이는 29살이었으며 그의 목표는 미국으로 유학을 갈 수 있는 학비를 마련하는 것이었다. 위민홍 부부는 오전에는 주변의 전봇대에 전단지를 붙였고 오후에는 학원에서 학생들이 찾아와 주기를 기다렸다.

첫날, 두 명의 학생이 학원을 찾아왔지만 학생들은 작은 간판과 위민홍 부부, 그리고 허름한 교실의 낡은 책상과 의자를 보고 그들이 사기꾼임에 틀림없다고 생각했다. 얼굴 가득 의심스러운 표정을 감추지 못하는 두 학생을 대상으로 위민홍 부부는 평생 동안 해보지 못한 온갖 화술을 동원하여 그들을 설득하였다. 그러나 두 학생은 결국 돌아가고 말았다.

일주일 동안 많은 사람들이 다녀갔지만 보잘것없는 학습 환경을 보고는 대부분 그냥 돌아갔다. 이런 일들이 반복되자 위민홍은 심각한 고민에 빠졌다.

'왜 다들 왔다가 그냥 돌아갈까? 어떻게 하면 학생들을 붙잡을 수 있을까?'

다음날 그는 GRE, TOEFL 수업 등록부에 30여 개의 가짜 이름을 적어 학생 모집 기간이 임박한 듯한 모습을 연출했다. 그랬더니 정말로 몇 사람이 등록을 했다.

학원 사업이 정상적인 궤도에 들어서기 시작하자 위민홍은 '독립'을 결심하고 둥팡대학(동방대학)에서 완전히 독립했다. 하지만 독립을 하기에 앞서서 학원 사업을 제대로 진행하기 위해서는 관련부서의 영업허가가 필요했다. 그러나 당시 학원 설립의 조건은 법인 대표가 최소 부교수급의 직함을 가져야 했는데 위민홍은 당시 강사 정도밖에 되지 않았다.

영업허가를 받기 위하여 위민홍은 매주 하이뎬취(海澱區) 교육사무실에 찾아갔다. 약 반년 동안 주마다 빠짐없이 드나들다 보니 교육계 사람들과 서로 알고 지내게 되었고, 교육사무실에서는 위민홍에게 반년 동안 영업을 할 수 있도록 임시허가증을 발급해 주었다. 단, 임시허가증을 발급해 주는 데에 조건이 있었는데, 그것은 만약 반년 이내에 신고가 들어오면 바로 말소한다는 조건이었다.

1993년 11월, 위민홍 부부는 '베이징신둥팡학원'을 세웠다. 신둥팡을 중국에서 가장 우수한 영어교육센터로 만드는 것이 위민홍의 꿈이었다. 사업 초기, 학원을 널리 알리고 학원의 영향력을 확대하기 위하여 위민홍은 '무료수강'이라는 전략을 내세웠다. 총 40시간의 수업 가운데 8시간을 무료로 수강할 수 있게 하여 수강생들을 끌어들인다는 전략이었다. 수강생들은 먼저 무료로 강의를 수강하고 수업이 만족스럽다면 나머지 강의 부분의 수강료를 지불하면 된다는 조건이었다.

무료수강이라는 말에 수강생들의 수는 급격한 속도로 늘었다. 1992년 겨울, 위민홍은 베이징도서관의 강당에서 무료강좌를 개시했다. 1,500명을 수용하는 강당은 삽시간에 인산인해를 이루었고 창문 밖에까지 수강생들로 꽉 찼다. 위민홍은 그 당시를 다음과 같이 회상한다.

위민홍, 달팽이 인생

2016년 4월 13일, 신동방교육그룹의 설립자이자 CEO 위민홍이 중국 북부의 후베이 성의 도시 샹양에서 열린 공개 강연회에서 열정적으로 강연하고 있다 ▷출처: 연합뉴스

"저는 휴지통을 거꾸로 세워 놓고 그 위에 서서 강의를 시작했습니다. 그 강의는 제 평생 동안 결코 잊을 수 없는 특별한 강의입니다."

겨울의 차디찬 바람이 천 명이 훌쩍 넘는 수강생들의 얼굴을 스쳐갔지만 그들의 눈은 초롱초롱했다. 수많은 학생들 앞에 선 위민홍은 가슴이 뜨거워졌고 그들에게 희망과 자신감을 심어주고 싶었다. 그는 큰소리로 외쳤다.

"Hewing out of the mountain of despair a stone of hope! (절망의 산을 쪼개서 희망의 돌을 만든다.)"

위민홍은 마음을 가다듬고 강의를 이어 갔다. 그는 학생들을 천천히 쳐다보며 다시 한번 크게 외쳤다.

"여러분과 저, 우리는 모두 분명한 목표를 세웠지만 세상은 그 누군가를 위해 길을 닦아 놓고 기다리지 않습니다. God only help those who help themselves ! (하늘은 스스로 돕는 자를 돕는다.)"

위민홍은 뜨거운 열정과 그만의 독창적인 수강방식으로 유학을 준비하고 있는 청년들을 불러 모았고 '위민홍 선생의 강좌'는 성공을 향한 키워드가 되었다. 위민홍은 한낱 휴지통 위에 서서 강의하면서 학생들의 마음을 사로잡았고 그들의 희망찬 미래를 열어주었다. 신둥팡은 순식간에 베이징에서 가장 유명한 학원이 되었다.

구사일생으로 살아나다

신둥팡학원을 세우기 이전 위민홍은 베이징대학교에서 박봉을 받으면서 일해 왔고, 유학 준비와 생계를 위하여 다른 학원에서 파트타임 강사로 일했다.

그 과정에서 위민홍은 많은 학원이 수강생에 대한 관리가 체계적이지 못하고 경영에 문제가 있다는 것을 발견했다. 대부분의 학원에서는 수강생들의 수강료에만 눈독을 들일 뿐, 진정으로 학생들을 생각하지 않았다.

수강생 관리와 경영의 문제점 등을 발견한 학원에서의 경험은 위민홍이 학원을 운영하는 데 큰 도움을 주었다. 위민홍은 TOEFL, GRE 시험을 준비하는 학생들은 대부분 학교에서 성적이 우수한 학생들이므로 단순하고 평범한 커리큘럼으로는 그들의 요구를 만족시켜줄 수 없다는 것을 깨달았다.

신둥팡 설립 초기부터 위민홍은 스스로에게 몇 번이나 말하며 다짐했다.

"먼저 학생들을 잘 가르쳐야 한다. 돈을 벌 생각부터 먼저 하면 안 된다."

위민홍은 수강생들에게 지식을 가르쳐 주었을 뿐만 아니라 학원 내에서 유대감을 잘 만들어 인생의 철학까지 가르쳐 주었다. 또한 신동팡의 강사들은 유머 감각이 뛰어나고 수업을 유쾌하게 진행하기로 소문이 높았다.

위민홍은 시대의 흐름을 잘 파악했다. 위민홍은 어쩌면 그때 벌써 '블루오션 전략'을 펼친 것인지도 모른다. 그는 경쟁 상대에게 초점을 맞추기보다 수강생들에게 초점을 맞추고 새로운 것을 창조할 수 있는 분위기와 자아의 가치를 높일 수 있는 환경을 제공했다. 기존의 학원과 다른 신동팡의 차별화된 환경은 전례 없던 학원 운영의 새로운 패러다임을 만들어 강력한 수많은 경쟁 상대들을 제쳤다.

4

비즈니스의 꿈

신둥팡, 신생명

가족의 생계를 위해 일을 할 때에도 위민훙은 유학을 향한 꿈을 버리지 않았다. 그는 영어학원을 운영하는 것은 단지 유학의 꿈을 이루기 위한 일시적인 수단이라고 생각했다. 비록 위민훙은 신둥팡을 중국에서 가장 우수한 영어학원으로 발전시키겠다는 꿈이 있었지만, 유학의 꿈은 여전히 그에게 있어 가장 중요한 목표였다.

그러나 위민훙은 학원 경영이 잘되어 호주머니가 두둑해져 갈수록, 신둥팡을 위해 더 큰 열정으로 더 많은 노력을 들일수록 유학의 꿈이 점점 더 그에게서 멀어져 가고 있다는 것을 눈치

채지 못했다.

1994년 말, 위민홍은 드디어 유학을 갈 수 있는 기회를 얻게 되었다. 그토록 기다리고 염원해 왔던 유학의 기회가 눈앞에 다가왔지만 그는 예전처럼 설레지 않았다. 그때 신둥팡에는 이미 2만여 명의 학생들이 있었다. 그 순간, 위민홍은 심혈을 기울여 세우고 지금까지 힘들게 키워 온 신둥팡이 그의 가장 큰 꿈임을 깨달았다.

위민홍은 수없이 고민한 뒤 다음과 같이 깨닫고 최종적으로 결론을 내렸다.

"잘사는 길은 해외로 나가는 길뿐만이 아니다. 중국에 있든, 해외에 있든 내가 무엇을 할 수 있는지, 그 일을 어떻게 하면 잘할 수 있는지만 고민하면 된다."

훗날 위민홍은 수많은 신둥팡의 수강생들에게 이 깨달음을 전해 주었다. 위민홍은 더 이상 해외유학을 목표로 하지 않았고 그에 따라 신둥팡은 유학을 위한 '발판'에서 그의 필생의 사업으로 격상되었다.

신둥팡의 규모가 하루가 다르게 커져가자 위민홍은 자신의 힘만으로 신둥팡을 끌고 나가기에 역부족이라는 것을 깨달았다. 이때가 바로 신둥팡을 함께 이끌어 나갈 파트너가 필요한 시점이었다. 위민훙은 자신의 '잘나가는' 대학동문과 동기들을 떠올렸다. 협력 파트너는 오랜 우정과 더불어 힘든 시기를 함께하며 고생해 온 사람들만큼 믿음직한 사람이 없을 것이라고 생각했다. 특히 유학을 다녀온 경험이 있는 사람은 더 좋을 것이라고 생각했다.

1995년 겨울, 위민훙은 밴쿠버로 날아갔다. 그곳은 위민훙이 꿈속에서도 그리던 땅이었다. 위민훙은 베이징대학교에서 함께 강사로 일했던 쉬샤오핑(徐小平)을 찾아갔다. 이때 쉬샤오핑은 이미 캐나다에서 10년 동안 살면서 윤택한 삶을 누려오고 있었다. 위민훙은 쉬샤오핑의 집에서 그와 함께 4박 5일간 술을 마시며 이야기를 나누었다.

쉬샤오핑은 며칠 동안 위민훙과 대화를 나누면서 그동안 위민훙이 이루어낸 일에 감개무량해했다. 그는 위민훙이 설립하고 키워 온 '신둥팡'이 마치 기적같이 느껴졌다. 그가 해외에서 고생을 마다하지 않고 어렵게 추구하고 있는 '성공'이라는 것을 위민홍은 국내에서 이미 이루어 놓았다. 그는 위민홍의 모습에서 희망찬 중국의 미래를 보았다. 쉬샤오핑은 흥분된 어조로 위민홍에게 말했다.

"친구, 당신과 함께 돌아가겠네. 함께 귀국해서 일을 만들어 보세."

쉬샤오핑과 이야기를 나누고 그의 지지를 얻은 위민홍은 더욱 자신감이 넘쳤다. 쉬샤오핑과 헤어진 후 위민홍은 미국으로 가서 베이징대학교의 동창 왕창을 만났다. 1990년, 호주머니에 돈 한 푼 없이 미국에 건너온 왕창은 3년 사이에 학업을 마치고

● 노키아 벨 연구소(Nokia Bell Labs)

케이블 및 통신업 관련 연구소로 세계 최고 수준을 자랑하는 민간 연구 개발 기관이다. 1925년, 벨 시스템사가 운영하는 연구소로 설립되어 전화 교환기, 전화선 피복, 트랜지스터 등의 제품을 개발했다. 미사일, 레이더 등의 전자 장치, 통신위성의 개발과 발전에도 크게 공헌했다. 연구소의 이름은 전화기 발명가인 알렉산더 그레이엄 벨의 이름을 따서 지었다. 2016년, 노키아가 인수하여 현재는 노키아의 자회사가 되었다.

미국 뉴저지 주에 위치해 있는 벨 연구소　　　▷출처: Wikimedia Commons

그 유명한 벨 연구소에서 일하고 있었다. 문과생이었던 그는 3년 동안 열심히 공부하여 컴퓨터 석사 학위를 받았고 세계 일류의 연구소에서 학문을 연구하고 있었다. 왕챵은 중국 유학생들 사이에서 널리 회자되고 있는 성공적인 유학 사례로 꼽히고 있는 동창생이었다.

1995년 크리스마스이브, 눈보라가 휘몰아치는 폭설을 헤치고 위민홍은 보스턴에서 뉴저지 주로 가는 고속도로를 장장 8시간 동안 운전하여 왕챵의 집에 도착했다.

위민홍은 며칠 동안 왕챵의 집에 머무르며 신둥팡에 대해 이야기를 나누면서 자신과 함께 일하자고 설득했다. 마침 지루한 연구실의 업무에 염증을 느끼고 있었던 왕창은 지난날 베이징 대학교에서 학생들을 가르치던 때를 회상하며 위민홍의 요청을 받아들였다. 그때 왕창이 벨 연구소에서 받는 연봉은 6만 달러 이상이었다. 모든 사람들이 그의 선택에 대해 의아해하자 왕창은 매우 간단명료하게 대답했다.

● 위민홍의 신동팡교육그룹

신동팡은 중국 1위 교육기업으로 정식 이름은 '신동팡(신동방)교육과학기술그룹(New Oriental Education & Technology Group Inc.)'이다. 1993년 11월에 설립된 신동팡은 영어교육으로 문을 열었다. 그 뒤 다양한 외국어 교육, 온라인을 이용한 교육, 유학 컨설팅, 도서 출판 등 교육업계 전반으로 사업을 확장하였다. 신동팡은 중국은 물론 전 세계적으로 최대 규모의 종합교육 기업으로 자리 잡았다. 본사는 베이징에 있고 2006년 중국 교육기업으로 처음으로 뉴욕증권거래소에 상장하였다.

위민홍, 달팽이 인생

"해외에서는 먹고살기 위해 일을 했지만 국내에 돌아와서는 일을 하기 위해 먹고살았습니다."

얼마 후 쉬샤오핑과 왕챵은 신둥팡의 강단에 당당히 올라섰다. 1997년 위민홍의 또 다른 동창인 바오판이(包凡一)도 캐나다에서 돌아와 신둥팡에 합류했다. 위민홍은 북미 '순방'을 통하여 신둥팡에 필요한 인재들을 영입했고, 그들은 위민홍의 기대에 부응하여 신둥팡에 새로운 기운을 불어넣었다. 위민홍은 당시의 인재 영입 상황에 대하여 장난스러운 어조로 다음과 같이 이야기한다.

"그 누가 신둥팡을 만들었어도 지금과 같은 신둥팡으로 키우는 것이 가능했겠지만, 그 일을 바로 내가 해냈다는 것이 친구들에게는 기적같이 들렸을 것입니다. 나는 동창들 중에서 가장 못난이였거든요. 나의 성공은 그들에게 커다란 자신감을 불어넣어 주었을 것입니다."

'시골뜨기'와 유학파들, 신둥팡의 경영시스템

위민홍의 설득과 신둥팡이라는 매력적인 무대로의 유혹에 쉬샤오핑, 왕창, 바오판이, 치엔융챵(錢永强) 등이 해외에서 속속 돌아와 신둥팡에 합류했다. 그들은 세계에서 가장 선진적인 이념과 문화, 그리고 교육시스템을 신둥팡으로 가져왔고, 또 신둥팡이라는 포용성이 강한 무대에서 자신의 매력을 마음껏 발산했다.

이러한 화려한 유학파들에 비해 위민훙은 한낱 '시골뜨기'에 불과했다.

평범하고 조금은 촌스러운 위민훙의 스타일은 곧 경영에서의 너그러운 마음과 깊은 생각을 의미한다. 이것은 경영자에게 있어서 가장 큰 미덕이기도 하다. 위민훙은 신둥팡을 설립할 때에 그다지 큰 상업적인 이상을 가지고 출발한 것은 아니었다. 신둥팡에 대한 위민훙의 비전은 동창들을 신둥팡에 데려와 함께 나아갈 미래에 대해 이야기하고 미래에 대한 큰 그림을 그려갈 때 비로소 완성되었다.

그러나 현실 속에서 유학파 엘리트들과 함께 일하는 것은 결코 쉬운 일이 아니었다. 그들은 제각기 고집이 세고 자기주장이 강했다. 위민훙은 늘 그들과 한 팀이라는 것에 대해 자부심을 가졌지만 가끔씩 '잘난' 사람들이 많은 팀 때문에 자신의 선택을 후회하기도 했다. 그러나 결과적으로 그들 때문에 위민홍의 시야는 더욱 넓어졌고 서로 간의 의견 차이와 갈등 속에서 신둥팡은 나날이 성장했다.

위민홍은 동료들이 자신과 신둥팡에 미친 영향을 다음과 같이 평가한다.

"그들이 없었다면 저는 아직도 골목 소상인에 불과했을 것입니다. 그들이 없었다면 신둥팡은 오늘도 이름 모를 작은 학원에 지나지 않을 것입니다."

쉬샤오핑, 왕창 등 엘리트들이 입사한 뒤 그들은 파트너십을 앞세워 새로운 신둥팡의 브랜드를 만들기로 했다. 2005년까지 그들은 모두 자신의 뛰어난 능력을 발휘하여 신둥팡을 키워나갔다.

1995년 이전, 신둥팡은 위민홍이 경영하는 TOEFL과 GRE 시험을 준비하는 수험생들을 위한 작은 학원일 뿐이었다. 그러나 쉬샤오핑이 신둥팡에 들어오면서 달라졌다. 1996년 쉬샤오핑이 캐나다에서 돌아와 신둥팡의 부교장직을 맡았다. 그는 자신의 경력을 바탕으로 신둥팡 유학센터, 이민 컨설팅 등 다양한 분야를 신설하였고 '인생 설계'라는 새로운 이념을 내세워 신둥팡의 이미지를 한층 끌어올렸다. 이로 인해 쉬샤오핑은 중국에서 새 시대를 위한 '인생 설계사'라고 불리기도 했다.

왕창도 미국에서 쌓은 경력을 미련 없이 뒤로하고 신둥팡에 합류했다. 왕창 역시 신둥팡의 부교장직을 맡았고 미국에서 살아온 경험과 '미국식 사고'를 바탕으로 수강생들에게 미국인과 효과적으로 대화하는 방법과 서양인들의 사고방식에 대해 가르쳤다.

이와 동시에 왕창은 두즈화(杜子華)와 손잡고 신둥팡 '듣기, 말하기 부서'를 세워 '미국식 회화법'에 대해 연구하고 '미국인들의 회화습관 6가지'를 정리하여 중국인들의 오래된 특징인 벙어리 영어를 벗어날 수 있는 새로운 교육방법을 만들어냈다.

두즈화는 중국의 첫 번째 '영어영화반'를 개설하여 유학을 준비하고 있는 수강생들에게 회화, 듣기, 발음, 억양, 서양문화 이해 등 세세한 부분까지 구체적으로 가르쳤다. 또한 그는 '영어 900분' 과정과 TSE(Test of Soken English) 회화반, TSE 시험준비

위민훙, 달팽이 인생

● 영국식 영어능력 평가시험, IELTS

아이엘츠(IELTS, International English Language Testing System)는 비영어권 국가 출신자들에 대한 영어능력 평가를 담당하고 있는 시험의 한 종류이다. 영국문화원(The British Council), 케임브리지 대학교(UCLES), 오스트레일리아 IDP 에듀케이션(International Development Program of Australian University and College)에 의하여 공동 개발되고 관리, 운영되는 영국식 영어능력 평가시험이다. 미국 ETS에서 시행하고 있는 토플과 매우 비슷한 시험으로 대학 진학이나 이민 수속용으로 많이 사용되고 있다. 오스트레일리아, 뉴질랜드 등의 영국연방 국가는 물론, 미국 등 비영국연방 일부 국가에서도 채택하고 있다. 미국 대학 가운데 아이엘츠를 입학 전형 요소로 공식적으로 인정하고 있는 대학은 2,000개 이상이며 전 세계에서 해마다 약 220만 명이 응시하고 있다. IELTS 시험은 영어의 듣기, 읽기, 쓰기, 말하기 능력을 평가한다.

IELTS™

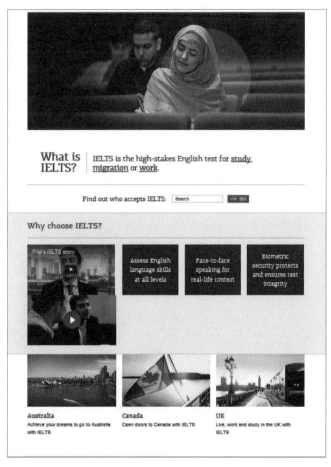

What is IELTS? | IELTS is the high-stakes English test for <u>study</u>, <u>migration</u> or <u>work</u>.

Find out who accepts IELTS: [Search] → Go

Why choose IELTS?

Filip's IELTS story

Assess English language skills at all levels

Face-to-face speaking for real-life context

Biometric security protects and ensures test integrity

Australia
Achieve your dreams to go to Australia with IELTS

Canada
Open doors to Canada with IELTS

UK
Live, work and study in the UK with IELTS

IELTS 공식 홈페이지 화면　　　　　　　　　　　▷출처: ELTS 공식 홈페이지

반, 영어문법 치료과정 등의 다양한 분야를 신설하고 그 누구보다 열심히 학생들을 가르쳤다.

1997년에는 바오판이와 허칭취엔(何慶權)이 신둥팡에 합류했다. 바오판이도 신둥팡의 부교장으로 임명되었고 허칭취엔과 함께 '신둥팡 글쓰기 센터'를 세우고 유학을 꿈꾸는 학생들을 위하여 〈유학서신 쓰기요령〉이라는 책을 내기도 했다. 글쓰기 센터는 훗날 신둥팡 도서사업부로 확장되어 수많은 영어공부 관련 참고서적들을 출판했다.

유명한 영어교육과 시험전문가 후민(胡敏)은 1995년부터 신둥팡에서 시간제로 일해 왔다. 1998년 7월, 그는 신둥팡 국내교육부를 세워 중국 내 영어평가시험을 위한 교육과정을 수립하였다. 또한 1999년 중국에서 우선적으로 아이엘츠(IELTS) 시험준비반을 개강했고, 영국연방 국가로의 유학을 준비하고 있는 학생들을 위해 중국의 첫 번째 IELTS 교재를 만들었다. 오늘날, 신둥팡은 후민의 노력으로 IELTS 평가의 가장 탄탄한 기초과정을 보유하고 있다.

위민홍의 팀에는 순식간에 '영웅호걸'들이 모여들어 똘똘 뭉

신둥팡의 홈페이지 화면　　　　　　　　　　　　▷출처: 신둥팡 홈페이지

치기 시작했고 각자 자신의 특기를 내세워 신둥팡을 위해 새로운 영역을 개발해냈다. 신둥팡은 단순한 영어학원에서 다양한 커리큘럼을 갖춘 영어교육센터로 발전하였고, 이를 바탕으로 다채로운 학원 사업을 폭넓게 펼치면서 새로운 이미지의 브랜드로 자리를 굳혔다.

치열한 경쟁 속에서 살아남기

1997년 10월 18일, 신둥팡은 본사를 이전하고 2000년 분교를 설립하기까지 치열한 경쟁 속에서 차근차근 경력을 쌓으며 성장해 나갔다.

신둥팡의 주요 경쟁 상대로는 월스트리트 학원과 프린스턴리뷰 그리고 ETS(Educational Testing Service, 미국교육평가 서비스센터)가 있었다.

월스트리트 학원은 1972년 이탈리아에서 시작된 영어교육센터로 유럽과 아시아, 아메리카 등 23개 나라에 400여 개의 학원

● 세계 최대의 영어회화 교육센터, 월스트리트 학원(Wall Street Institute)

월스트리트 학원은 세계 최대의 영어회화 교육센터로 피어슨 그룹(Pearson Group)이 운영하고 있다. 상하이에 센터를 개설할 당시에 비하여 더욱 확장되고 발전하여 현재 전 세계 29개 나라에 약 450개 센터를 보유하고 있다. 계열사로는 롱맨(Longman), 펭귄 리더스(Penguin Readers) 등이 있다. 월스트리트 학원은 월스트리트 인스티튜트 코리아를 통하여 우리나라에 진출하였는데, 미국 본사의 전략에 따라 2013년 '월스트리트 인스티튜트'라는 브랜드명을 '월스트리트 잉글리쉬(Wall Street English)'로 변경했다.

을 운영하고 있었다. 1999년 8월 11일 월스트리트 학원은 상하이에서 문을 열었다. 이 학원의 수강료는 일인당 약 2만 위안 이상에 달했지만 반년 만에 1,000여 명의 수강생을 모으는 데 성공했다.

월스트리트 잉글리쉬를 운영하는 피어슨 그룹의 로고와 홍보 이미지
▷출처: 월스트리트 잉글리쉬 홈페이지

위민홍, 달팽이 인생

월스트리트 잉글리쉬 홈페이지 화면　　　　　　▷출처: 월스트리트 잉글리쉬 홈페이지

　월스트리트 학원은 최고급 오피스텔에서만 운영되며 주로 경제력을 갖춘 사무직 회사원들을 고객으로 한다. 월스트리트 학원은 반년 사이에 영업액 1.4억 위안에 도달하였는데, 이것은 신둥팡이 설립한 지 8년 뒤에야 이룬 성과였다.

● 뉴욕에서 전 세계로, 프린스턴리뷰(The Princeton Review)

프린스턴리뷰는 1981년 미국 뉴욕에서 설립된 기관으로 유학 시험을 준비하는 수험생을 위한 전문적인 교육기관이다. 전 세계 약 60개 지역에 약 700개 센터를 보유하고 있으며 350만 명 이상의 수험생을 미국 명문대에 진학시키는 성과를 올렸다.

SAT(대학입학시험), iBT TOEFL, SSAT 등의 학습시장을 이끌며 영어 시험을 준비하고 미국 명문대 진학을 꿈꾸는 수험생들을 위한 최고의 명문 기관으로 발돋움하였다. 특히 25년이라는 오랜 기간 동안 연구하여 개발해낸 SSAT의 뛰어난 효과를 자랑한다. 또한 프린스턴리뷰는 SAT, SSAT, TOEFL을 비롯한 유학 시험과 다양한 영어 시험의 출제 경향을 분석하고, 미국 유학 시험 준비를 위한 교재를 출판하며, 영어 능력 향상을 위한 효과적인 프로그램을 개발하는 등 다채로운 사업을 펼치고 있다.

프린스턴리뷰는 1981년에 세워졌으며 신동팡과 마찬가지로 자격시험 전문학원으로 시작되었다. 그리고 프린스턴리뷰는 학원 운영뿐만 아니라 출판을 주요한 사업으로 추진하면서 대량의 시험용 참고서적들을 만들어 내고 있었다.

신동팡의 세 번째 경쟁사는 미국의 ETS이다. TOEFL, GRE,

● ETS(Educational Testing Service)

ETS는 1947년에 미국교육위원회(ACE), 미국의 철강왕 카네기가 세운 카네기 재단, 대학입시위원회(CEEB)에 의하여 공동으로 설립된 교육용 검사개발 및 측정연구기관이다. ETS는 검사도구나 평가도구를 개발하고 시행하는 일, 수험생이나 교육기관 또는 관련 정보를 필요로 하는 사람에게 검사점수와 해석자료 등의 정보를 제공하는 일을 한다. ETS는 미국을 포함한 전 세계 약 200개국의 정부, 교육기관, 여러 단체로부터 검사개발을 위임받아 TOEFL, SAT(대학입학시험), GRE(일반대학원 입학시험) 등과 같은 교육용 검사를 개발하고 실시하고 있다.

ETS 홈페이지 화면　　　　　　　　　　　　　▷출처: ETS 홈페이지

GMAT 등의 유학 관련 영어 시험은 모두 ETS에서 출제한다. ETS는 TOEFL, GRE, GMAT 시험에 대한 출제권을 가지고 있으므로 신둥팡 역시 시험문제를 분석하는 강의 등은 반드시 ETS의 인증을 받아야만 했다.

　이밖에도 신둥팡은 여러 개의 신흥 교육기관의 도전을 수시로 받아야만 했다. 그중에는 '크레이지 잉글리시(瘋狂英語)'도 있었다.

　리양(李陽)의 크레이지 잉글리시는 중국 본토의 영어학습법으로 중국 영어 교육법의 새로운 방법을 고안해 내어 영어를 공부하고자 하는 사람들 사이에서 '회화의 기적'이라고 불리는 브랜드이다. 2005년 중국 사회리서치센터(SSIC)에서 발표한 〈2005년 중국 영어교육시장 조사보고서〉에 따르면, 리양의 크레이지 잉글리시는 동종 업계에서 호감도가 전국 1위를 차지할 정도로 큰 인기를 끌었다.

● 리양의 미친 영어, 크레이지 잉글리시(瘋狂英語)

1996년 리양은 미친 영어(Crazy English) 선풍을 일으켰다. 크레이지 잉글리시의 리양은 중국 광둥 성 광저우에서 시작하여 수천만 명의 중국인들에게 열성적으로 영어를 가르쳤다. 하지만 놀랍게도 리양의 영어 학습법에 엄청난 비밀에 숨겨져 있는 것은 아니었다. '미친(Crazy)'이라는 말이 붙은 것은 대단한 학습법 때문이 아니라 리양이 열성적으로 강의하는 모습에서 기인했다고 볼 수 있다. 학생 시절 늘 성적이 좋지 않았고 부끄러움을 심하게 타서 성격까지 소심했던 리양의 변화가 더 주목할 만하다. 마지막으로 미친 영어 학습법의 비결에 대하여 공개하자면 다음과 같다. 가장 큰 목소리로, 가장 빠르게, 가장 정확하게 영어 문장을 외치는 것, 이것이 리양이 외치는 미친 영어의 학습 비결이다.

영어교육계에서 '신둥팡'이라는 브랜드의 입지를 탄탄하게 굳

힌 후, 위민홍은 시장경쟁과 발전의 수요에 따라 새로운 사업 영

크레이지 잉글리시 리더(CRAZY ENGLISH READER) 교재의 표지
▷출처: Wikimedia Commons

위민홍, 달팽이 인생

● 하드웨어에서 서비스, 컨설팅 업체로의 변신, IBM(International Business Machines Corporation)

IBM은 컴퓨터 및 정보기기를 생산하는 미국의 제조 판매 업체이다. 1896년 천공카드 시스템(PCS: 통계, 회계기)을 개발한 허먼 홀러리스(Herman Hollerith)가 설립한 회사와 1911년 타임레코드사와 저울 제작사가 합병하여 세운 CTR(Computing Tabulating Recording Co.)를 기반으로 설립되었다. CTR사는 기술자들이 모여서 만든 기업으로 한때 심각한 경영 부진으로 어려움을 겪었지만 1914년 토머스 왓슨을 사장으로 영입하면서 부진을 떨치고 급성장하게 되었다.

그 후 1924년 지금의 IBM이라는 이름으로 바꾸고 컴퓨터를 개발하였다. IBM을 선두로 수많은 업체들이 컴퓨터와 컴퓨터 주변 기기 개발에 뛰어들면서 컴퓨터 기술이 빠르게 성장하였다. 주로 하드웨어 사업에 주력했던 IBM은 1990년대부터 소프트웨어, 서비스, 컨설팅 등으로 사업 분야를 넓혀 갔다. PC 사업부를 중국의 레노버(Lenovo)에 팔고, PwC 컨설팅 사업 부문을 인수한 예가 대표적이다. 2000년대부터는 서비스, 컨설팅 사업 분야가 큰 비중을 차지하게 되면서 현재에는 전 세계적인 컨설팅 회사의 하나로 변신하였다. 본사는 뉴욕 주에 있다.

통계학자로 독일계 미국인이었던 허먼 홀러리스.
▷출처: Wikimedia Commons

역으로의 확장을 시도하기 시작했다.

1999년 3월 1일, 신둥팡의 컴퓨터학원이 설립되었고 컴퓨터 취업반과 IT 자격증학원이 문을 열었다. 신둥팡 컴퓨터학원은 다른 일반적인 컴퓨터학원과 달리 '실전교육'을 위주로 실제 컴퓨터 조작능력을 향상시키는 데 초점을 두었다. 신둥팡은 수강들에게 이론 지식을 먼저 가르치지 않고 우선적으로 사례를 통해 실제 조작능력을 익히게 한 뒤 이론을 가르쳐 주는 교육방식

위민훙, 달팽이 인생

신둥팡의 독일어, 프랑스어, 일본어, 한국어 과정을 알리는 홍보물로 각 나라의 특색을 잘 보여 주는 세련된 디자인이 돋보인다.　▷출처: 바이두 백과

뉴욕 주에 있는 IBM 본사 사옥의 모습 ▷출처: Wikimedia Commons

위민홍, 달팽이 인생

을 채택하였다. 이런 교육방식은 수강생들의 이론 지식 습득 능력을 향상시킬 뿐만 아니라 컴퓨터 조작능력도 익숙하게 하여 빠른 시간 내에 자신이 배운 지식들을 일상적인 업무에서 응용할 수 있게 하였다.

신둥팡은 마이크로소프트사에서 인증을 받은 ATC 교육 및 시험센터, IBM, SUN 등 여러 회사의 인증을 받은 신뢰성 있는 교육센터가 되었다.

2000년, 신둥팡은 영어 이외의 기타 외국어 인재의 수요에 따라 다양한 언어교육 과정도 개강하기 시작했다. 독일어 과정이 시작되었고 이어서 프랑스어와 일본어 교육과정도 개강하기 시작했다.

2000년 10월 9일, 신둥팡 어린이영어센터도 정식으로 문을 열었다. 신둥팡 어린이영어센터는 4~14세까지의 어린이들을 대상으로 여러 가지 교육과정을 마련하여 눈길을 끌었다. 또한 다양한 교육과정을 통하여 어린이들의 영어식 사고능력과 회화, 영어 프리토킹 능력을 향상시키는 데 도움을 주어 학부모들의 인정을 받았다.

그 외에도 컴퓨터취업교육, IT 자격증교육, 기타언어교육, 어린이영어교육 등 다방면으로의 확장은 신둥팡에 더욱 넓은 세상을 열어주었다.

2001년 신둥팡은 이미 베이징에서 약 80퍼센트, 중국 전역에서 약 50퍼센트의 점유율로 유학 준비생을 대상으로 하는 교육시장의 절반 이상을 차지하고 있었고, 신둥팡을 이끄는 위민훙은 해외유학생들 사이에서 명성이 자자했다.

2000년 5월, 해외에까지 널리 알려진 위민훙과 쉬샤오핑은 하버드대학과 예일대학 중국학생연합회의 초청으로 미국에 가서 연설을 하게 되었다.

위민훙의 연설 제목은 '중국의 발전현황과 유학생들의 역사적 기회'였다. 이 연설에서 위민훙은 중국 유학생들에게 몇 년 동안의 국내의 변화과정에 대해 설명하면서 중국의 경제발전이 해외에 있는 중국유학생들에게 가져다줄 역사적 기회에 대해 이야기했다. 그는 유학생들의 귀국 창업 사례와 신둥팡의 여러 해외파 엘리트들의 성공 사례를 들어 유학생들에게 믿음을 주고 용기를 북돋워 주었다.

위민홍의 연설을 들은 중국 유학생들은 그의 열정에 감동받았고 흥분된 마음을 감출 수 없었다. 많은 학생들은 졸업하면 귀국하겠다는 결심을 하면서 신둥팡이 알맞은 일자리를 마련해 주기를 바랐다.

위민홍은 유학생들의 열렬한 호응과 지지에 마음이 들뜬 나

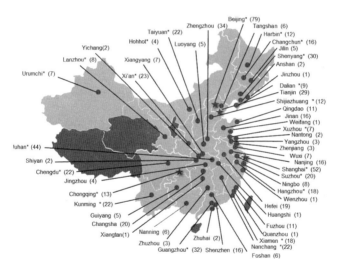

신둥팡의 캠퍼스 네트워크. 신둥팡은 66개 학교, 748개 학습 센터, 22개 뉴 오리엔탈, 신둥방 서점과 55개 도시에서 18,700명 이상의 교사를 보유하고 있다. 신둥팡은 지금도 빠른 속도로 확산되고 있다.   ▷출처: 신둥팡 홈페이지

머지 그 자리에서 당장 '레인보우 플랜(彩虹計劃)'을 제안하였다. 그는 이 계획을 통하여 '신둥팡 해외유학생 인재풀'을 만들어 해마다 분기를 나누어 유학생들이 귀국하여 인턴으로 채용되어 일할 수 있는 기회를 제공하고, 신둥팡에서 왕복 항공료까지 지원해 주기로 약속했다.

위민훙의 해외 연설과 '레인보우 플랜'은 신둥팡의 국제적인 이미지를 높이는 데 중요한 역할을 하였으며 미래 신둥팡의 창업투자에 긍정적인 분위기를 조성해 주었다.

2000년 신둥팡은 상하이(上海)와 광저우(廣州)에 분교를 설립하여 베이징 신둥팡과 함께 전국의 주요 거점을 확보하였다. 그리고 2002년부터 주요 거점을 중심으로 양저우(揚州), 우한(武漢), 시안(西安), 난징(南京), 톈진(天津) 지역에 분교를 세웠으며 2~3년 사이에 청두(成都), 충칭(重慶), 선전(深圳), 선양(瀋陽) 등의 지역에 수십 개의 분교를 세웠다.

신둥팡은 전국적인 범위에서 분교를 세우려는 꿈을 이루었다. 이와 동시에 수많은 해외 교육기구의 중국 진출은 위민훙에게도 해외로 진출하고 싶다는 또 다른 꿈을 심어주었다. 중국

위민훙, 달팽이 인생

유학생들의 '대부'로 불리는 위민홍의 긍정적인 이미지와 신둥 팡의 높은 브랜드 가치, 신둥팡의 탄탄한 실력은 위민홍의 꿈을 이루어 주기에 충분했다. 2002년, 신둥팡은 캐나다의 토론토에 첫 번째 해외분교인 베이징 신둥팡 토론토분교를 세워 역사적인 해외확장의 첫걸음을 내디뎠다.

신둥팡의 '기적'

신둥팡은 온라인 교육, 컴퓨터 교육, 유학 컨설팅 등 수많은 새로운 영역을 개발하고 확장해 갔지만 유학시험 분야는 줄곧 신둥팡이 가장 경쟁력을 갖춘 프로젝트로 왕성한 생명력을 자랑했다. 신둥팡이 유학시험 분야에서 이룬 '기적'은 세상을 놀라게 하였다.

1993년 창사 이후 2006년 말까지 신둥팡에서 교육을 받은 수 강생은 400만 명에 달한다. 사람들은 중국에서 가장 많은 학생을 배출해낸 선생님은 '위민홍'이라고 말하는 데 전혀 주저하지 않는다. 만약 신둥팡을 거친 모든 수강생들을 위민홍의 학생이라고 생각할 때 단연 전 중국에서도 그만큼 학생이 많은 선생님은 없을 것이다.

압도적인 수강생 수뿐만 아니라 신둥팡의 실력을 대표하는 또 하나의 기적은 수강생들의 시험 성적이다. GRE 시험에서 지금까지 이미 수만 명의 수강생들의 시험 성적이 2000점을 넘었고, 전 세계의 상위권 순위에서도 수많은 신둥팡 수강생들의 이름이 기록되어 있다.

TOEFL에서도 매번 시험을 볼 때마다 677점 만점을 받는 수강생들이 수십 명에 달한다. 2005년부터 새롭게 시행된 신 TOEFL 시험에서는 만점이 120점으로 변경되었는데, 신둥팡은 해마다 만점을 받는 학생들을 배출해내고 있으며 100점 이상을 받는 학생도 매우 많다.

점점 더 많은 사람들이 신둥팡에 대하여 인정하면서 '위 선생'을 '위 회장'으로 만들었다. 위민홍은 교육계를 넘어 자본시장에 진출하기 시작했다. 수많은 매스컴에서 신둥팡과 위민홍에 대하여 거론할 때의 분위기도 사뭇 달라졌다. 위민홍은 더 이상 강단 위에서 영어를 재미있게 가르치는 선생님이 아니다. 그에게는 '연간경제인물' 또는 '중국의 비즈니스 리더'와 같은 말들이 따라 다니기 시작했다.

위민홍의 꿈은 신둥팡을 성공적인 기업으로 이끌어 중국 전역에 지사를 설립하고 주식 상장을 하는 것이었다. 최종 목표는 중국인들이 '영어' 하면 떠오르는 단어가 '신둥팡'이 되도록 하는 것이었다.

그러나 위민홍은 회사의 주식 상장을 앞두고 선택의 갈림길에 들어섰다. 기업에 있어서 주식 상장은 규모를 확장시킬 수 있는 좋은 선택이다. 그러나 '교육자'로서의 위민홍은 망설였고 신둥팡의 상장을 앞두고 항간에서는 '신둥팡의 상장은 중국 교육의 타락을 의미한다.'와 같은 신랄한 비판이 돌기 시작했다. 이런 부정적인 여론 앞에서 위민홍은 깊은 고민에 빠져 망설이고 주저했다.

2006년 9월 7일 밤 9시 25분, 이 시각은 신둥팡에게 있어 매우 특별한 순간이다. 신둥팡 교육과학기술그룹이 뉴욕증권거래소에서 정식으로 상장한 시각이기 때문이다. 신둥팡은 뉴욕증권거래소에서 상장한 중국의 첫 번째 민간교육기구이다.

상장 후 위민홍이 선택한 첫 번째 일은 베이징에 30여 억 위안에 달하는 빌딩을 세우는 것이었다. 또한 위민홍은 장쑤(江蘇) 지역에 캠퍼스를 지었다.

이어서 위민홍은 신둥팡의 외국어교육센터의 사업 영역을 확장하여 평생교육원, 직업교육, 학위교육 등 정규 교육 분야에까지 범위를 넓혔다. 위민홍은 중국 교육의 미래를 위해 기회를 만들고 자본을 비축하여 앞으로 다가올 기회를 미리 준비하기 시작했다.

5

고난의 길

죽음의 고비를 넘기다

1998년 8월 21일 저녁, 위민홍은 일을 마치고 두즈화와 식사를 한 후 9시가 넘어서야 집에 도착했다. 전등이 설치되어 있지 않은 어두운 계단을 더듬더듬 올라가고 있을 때 누군가가 뒤에서 그를 꽉 껴안았다. 불길한 예감에 발버둥을 치기도 전에 그는 침으로 찌르는 듯한 따끔함을 느꼈고, 정신을 잃고 그 자리에서 쓰러져 버렸다.

갑작스러운 습격을 받고 정신을 잃은 위민홍이 간신히 깨어났을 때, 그는 홍콩 느와르 영화의 한 장면처럼 집안의 침대 위에 손발이 꽁꽁 묶인 채 누워 있었다.

마취약 기운이 어느 정도 풀리자 위민홍은 점차 정신이 들기 시작했고 전화를 걸어 도움을 요청하기로 마음먹었다. 그는 혼신의 힘을 다하여 조금씩 전화기를 향해 기어갔다. 전화기는 거실에 있었고 침대에서 십여 미터 정도 떨어져 있었다. 그 십여미터가 위민홍의 생과 사를 가르는 거리나 다름없었다. 그는 젖 먹던 힘까지 다하여 전화기 쪽으로 기어갔다. 마취가 덜 풀려서 그는 온몸에 힘이 하나도 없었고 손발이 묶인 상태였으므로 기어가는 것도 극도로 힘들었다. 간신히 전화기 옆에 다가갔지만 수화기를 어떻게 들 것인가? 그의 손은 묶여 있었고 온몸이 나른한 상태였다.

마침 이때 전화 벨소리가 따르릉 울렸다. 위민홍은 턱으로 스피커를 눌러 전화를 받았다. 두즈화였다.

"빨리 경찰에 신고해 주세요. 나는 지금 집에 손발이 묶여 있어요. 집으로 빨리 와 주세요."

위민홍은 다급하게 전화로 도움을 요청한 뒤 다시 정신을 잃고 쓰러졌다.

위민홍이 다시 눈을 떴을 때 그는 응급실에 누워 있었다. 응급실 의사가 죽지 않고 살아나는 것이 천만다행이라며 차근차근 설명해 주었다.

"범인이 당신에게 놓은 마취제는 동물원에서 대형동물들에게 사용하는 마취제였고 또 엄청나게 많은 양을 투여했어요, 그런데 죽지 않았다니 천만다행이에요."

경찰의 조사에 따르면 위민홍이 피해를 당하기 전에도 또 다른 두 명의 피해자가 있었는데 모두 마취제 과다 투여로 사망했다고 한다. 위민홍은 기적적으로 목숨을 구한 것이다. 위민홍은 '언제든지 사망할 수 있으니 주의 요망'이라는 의사 소견을 보고 눈물을 펑펑 쏟았다. 다시 살아난 기쁨은 이루 다 말로 설명할 수가 없었다.

완쾌되어 회사로 출근한 첫날, 위민홍은 긴급회의를 소집하였다. 그는 회의에서 다음과 같이 발표했다.

"리더로서 개인의 안위조차 지키지 못한 점 깊이 사과드립니다. 그리고 이번 일을 통해 신둥팡은 새롭게 구조 개편을 해야 한다는 것을 깨달았습니다. 저 하나의 생사로 회사 전체가 좌지우지되면 안 됩니다."

위민홍은 이번 일을 겪으면서 쉬샤오펑과 왕창이 늘 촌뜨기처럼 현금 주머니를 메고 다니지 말라고 했던 말의 의미를 깊이 느끼게 되었다. 목숨을 잃은 뻔한 사건 이후 얼마 안 되어 그는 또 한 번 날도둑의 위협을 당한 적이 있었다. 항간에 위민홍이 현금을 주머니째 메고 다닌다는 소문이 많이 난 모양이었다.

그러나 지난번 사건 이후 위민홍은 경계심을 가지고 매일 기사 한 명과 함께 동행하며 조심해서 다녔다.

이날도 위민홍은 층계를 올라갈 때 비상등이 꺼져 있는 것을 발견하고 주위를 살피며 올라갔다. 문 앞에 이르러 숨을 돌리는 사이 위층에서 3명의 도둑이 나타나 그를 위협하며 구석으로 몰고 가서 옆구리에 총을 겨누었다. 이때 몸놀림이 날렵한 기사가 도둑들을 밀치고 재빨리 아래층으로 뛰어 내려가자 두 명의 도둑이 그를 쫓아 나갔다. 3층에는 위민홍과 총기를 든 도둑 한 명뿐이었다.

"움직이지 마! 움직이면 총을 쏘겠다!"

도둑이 총을 들이대며 다시 위협했다. 위민홍은 그때 일을 회상하며 말했다.

"똑같은 위기의 순간을 두 번 계속 겪게 되자 나도 모르게 오기가 발동하더군요. 무서운 것은 잠시였을 뿐, 곧 머리가 맑아지기 시작했습니다."

위민홍은 위층의 비상등이 반사되어 시야를 가려 도둑이 잠깐 머뭇거리는 사이, 순간적으로 몸을 돌려 허리춤에 겨눈 총을 확 낚아챘다. 그러자 총이 그만 두 동강 나버렸다. 그것은 장난감 총이었다.

위민홍은 도둑과 몸싸움을 하기 시작했고 아래층에서는 기사와 두 명의 도둑이 싸우고 있었다. 일이 완전히 틀어졌음을 느낀 도둑들은 위민홍의 노트북을 빼앗아 가지고 도망갔다. 그 과정에서 기사는 손목 부분을 칼에 베였지만 다행히도 상처는 심하지 않았다.

그 후부터 위민홍은 경호원을 고용하여 늘 함께 다니고 부인과 아이는 안전한 해외로 보냈다. 그는 더 이상 자신이 편안한 개인 시간을 가지지 못하게 되었음을 느꼈다.

두 번의 절체절명의 고비를 간신히 넘긴 위민홍은 안전에 대한 생각이 달라졌을 뿐만 아니라 일상적인 일처리 방식에도 변화가 생겼다. 이것은 훗날 신둥팡의 내부적인 구조 개편에 큰 영향을 미쳤다.

이익 전쟁

초기의 신둥팡은 부부가 경영하는 구멍가게였다. 하지만 쉬샤오핑, 왕챵, 바오이판 등이 신둥팡에 들어온 뒤 규모도 상황도 달라졌다. 위민훙은 그들 각자에게 알맞은 사업을 맡기고 15퍼센트의 관리비만 받았으며 각 사업은 온전히 그들 개인에게 속하도록 하였다. 1994년부터 1997년까지 신둥팡은 제후들이 할거하는 국면으로 접어들었다.

초기의 계획은 늘 이후의 변화를 예상하지 못한다. 위민훙은 나중에 휘몰아칠 영어교육시장의 변화를 예상하지 못하는 잘못을 범하게 된다. 2000년 신둥팡의 영어교육 사업은 급속한 하락세를 보였지만 왕챵이 개발한 '0세부터 99세'까지의 기초영어 교육시장이 활기를 띠기 시작했으며 기타 '제후'들이 차지하고 있는 컴퓨터교육, 프로그램 개발 등의 새로운 분야가 상승세를 보이기 시작했다. 이러한 시장의 변화 때문에 '제후'들 간의 이익분배에 불만이 생기기 시작했고, 내부 모순을 개선하고 새로운 이익 배분을 바라는 목소리가 커지기 시작했다.

신둥팡은 새로운 구조조정과 현대화 기업모델로의 변화가 필요했다.

2000년 5월 1일, 신둥팡은 정식으로 구조 개편을 시작했다. 교장, 부교장과 일부 스타 강사 등 11명이 주주가 되어 '동방인 과학기술발전 총공사(東方人科技發展總公司)'를 설립했다. 회사의 주식분배에서 위민훙은 절대적인 지배주주가 되었고 다른 10명은 주주권만 가지게 되었다. 위민훙은 '독재자'이자 신둥팡의 주인이 되었다.

위민훙은 자신이 절대적인 지배권을 가짐으로써 분쟁이 끊이지 않던 회사의 혼란스러운 상황을 정리하고 고위층과 중간 간부층을 정리하였다. 그는 강사들의 이익을 보장해 주는 동시에 베이징, 상하이, 광저우 등 주요 지역에 위치한 지사의 실력을 키워주어 수강생 10만 명이 증가되는 획기적인 성과를 거두었으며 구조조정으로 인한 위험부담을 덜어주었다.

위민훙의 '독재'에 맞서 2000년 12월 20일, CEO 왕창은 신둥팡 내에 'CEO 합동본부'를 설립하여 상설 행정부문으로 지정하고 회장 위민홍을 제외한 기타 부교장들을 '본부'의 구성원으로 하였다.

'CEO 합동본부'는 그룹 회장에 대한 권한 설정을 두어 '그룹의 전략과 정책, 투자, 합병, 폐사 등 중대한 사안은 그룹 회장이 결정하되 회사, 학교 내의 여러 가지 관리와 결정은 CEO 합동본부의 의견에 따르며 비망록을 통해 회장에게 보고한다.'라고 결정했다.

그날 이후 신둥팡에 나타난 새로운 풍경은 'CEO 합동본부'의 구성원들은 회의실에서 분주하게 회의를 하고 있었지만 위민홍은 회의실 밖에서 불가마 위의 개미처럼 초조하게 왔다 갔다 할 뿐 아무것도 하지 못하는 모습이었다. 'CEO 합동본부'는 위민홍의 권력을 제한하고 그가 모든 일에 직접 관여하고 처리하려는 방식을 바꾸었다.

어느 날, 더 이상 참을 수 없었던 위민홍이 'CEO 합동본부' 회의실로 쳐들어왔다. 위민홍은 자신이 신둥팡의 이중언어 프로젝트의 책임자가 될 것을 신청하며 투자금 4,000만 위안을 내놓겠

위민훙, 달팽이 인생

다고 말했다. 'CEO 합동본부'는 위민홍의 비서가 제출한 기획서를 검토한 후 "기획서를 참 잘 썼네."라는 평가만 했을 뿐 확실한 대답은 주지 않았다.

그러나 CEO 합동본부 역시 치명적인 결점을 가지고 있었다. 그들은 풍부한 지식을 갖춘 엘리트들이었지만 경영 면에서는 능력이 부족했다. 다시 말해 CEO 합동본부는 위민홍 회장의 권력을 제약했지만 기타 경영에 대해서는 의견만 분분할 뿐 효과적인 방안을 내놓지 못했다.

CEO 합동본부는 실제로 왕창과 쉬샤오핑이 위민홍의 권력을 제한하는 역할을 했을 뿐이었다. 체계적인 관리시스템을 갖추지 못한 CEO 합동본부는 얼마 뒤 2001년 2월의 'ETS 위기' 폭발 후 신둥팡을 혼란에 빠뜨렸다.

'ETS 위기'라는 핵폭탄은 신둥팡이 잠시 내전을 중지하고 단결하여 외적을 물리치는 좋은 계기가 되어주었다. 각자 자기 입지를 유지하기 급급했던 CEO 합동본부와 위민홍은 이번 사건을 통해 학비를 톡톡히 치렀다.

ETS 위기

2001년 2월 21일 수요일

〈워싱턴포스트(Washington Post)〉는 중국의 신둥팡학교에 대한 기사를 실었다. 신둥팡학교를 다룬 〈워싱턴포스트〉의 기사는 위민홍의 가슴에 비수를 꽂기에 충분했다. 위민홍은 미국에 있는 친구들을 통해 소식을 접한 뒤 재빨리 〈워싱턴포스트〉를 사서 기사를 읽었다. 신문의 헤드라인에는 'China Test Tempest(중국의 시험 폭풍)'이라고 쓰여 있었다. 기사의 주요 내용은 다음과 같았다.

"신둥팡의 위민홍은 영웅과 같은 인물로 추앙받고 있다. 그는 신분이 별로 높지 않은 강사 출신으로 중국에서 가장 큰 미국 유학시험을 준비하는 학원을 세웠고 수만 명의 중국 학생들을 미국의 대학에 보냈다. 하지만 ETS(미국교육평가 서비스센터), 미국의 입학고시와 시험 성적을 평가하는 비영리기관에게 위민홍은 비열한 거짓말쟁이이고 사기꾼이며 도둑과 다름이 없는 존재이다."

이러한 내용에 이어서 〈워싱턴포스트〉는 다음과 같이 보도하고 있었다.

"지난달 중국에서 소송을 제기한 ETS는 위민홍이 센터의 평가 문제를 표절 출판하여 중국 학생들에게 판매함으로써 이익을 갈취했다면서 중국 내 신둥팡의 지명도를 고려하여 미국의 각 대학에 중국 학생의 입학 신청을 신중하게 검토할 것을 요구했다. 특히 고득점으로 입학한 학생들은 주의 깊게 살펴야 한다고 밝혔다."

〈워싱턴포스트〉의 보도 기사는 위민훙에게 마치 청천벽력과

● 위민훙의 가슴에 비수를 꽂은 〈워싱턴포스트〉

미국 워싱턴에서 발행되는 조간신문이다. 1877년 12월 6일에 창간된 신문으로 가장 오랜 역사를 자랑한다. 처음에는 민주당계 기관지로 발행되었지만 해튼과 윌킨스에게 매각된 뒤 민주당과의 관계를 청산하고 보수적인 신문으로 변화하였다. 1954년 3월에는 〈워싱턴 타임스 헤럴드(Washington Times-Herald)〉를 합병했고, 1961년에는 〈뉴스위크(Newsweek)〉를 인수하면서 미국 최고의 신문으로 성장하였다. 닉슨을 임기 도중에 대통령직에서 물러나게 한 워터게이트 사건을 보도한 신문으로 유명하다.

다양한 기사들로 가득 채워져 있는 〈워싱턴포스트〉　　　▷출처: Wikimedia Commons

위민홍, 달팽이 인생

〈워싱턴포스트〉 미국 본사 　　　　　　　　▷출처: Wikimedia Commons

같았다. 보도의 후폭풍은 감히 예상할 수조차 없었다. 고득점으로 미국의 대학에 입학한 중국 학생들은 이미 입학통지서를 받았거나 입학신청을 한 학생들이나 모두 부정행위로 간주될 수 있었다. 또한 신둥팡과 유학시험의 독점권을 가지고 있는 ETS 사이의 지적재산권 분쟁은 불가피했다. 더 나아가 ETS는 소송에서 패소할 경우 중국 지역의 유학시험 서비스를 중단하겠다고 위협했다.

중국은 비영어권 국가 가운데에서 가장 많이 토플과 GRE 시험을 보는 국가 중 하나로, 이 시험은 중국 유학생들의 해외유학의 필수 코스와도 같았다. 만약 ETS가 중국에서의 시험 서비스를 중단한다면 이는 학생들의 미래에 지대한 영향을 미칠 것은 물론, 앞으로의 중국과 미국의 관계에도 직접적인 영향을 줄수 있었다.

2001년 2월 22일 목요일

신둥팡에 거센 회오리바람이 불어닥쳤다.

국세청은 신둥팡에 대한 조사에 돌입했고 검찰청은 신둥팡에 대한 압수수색에 들어갔다. ETS의 '증거보전' 요청에 따라 베이징 시제1중급법원에서는 1997년 1월부터 2001년 1월까지 신둥팡의 재무장부와 모든 영수증, 회계표를 압수하고 철저히 조사하기 시작했다.

ETS의 갑작스러운 소송은 위민홍과 신둥팡을 일대 혼란에 빠뜨렸다.

신둥팡과 ETS의 대립은 경제적인 부분뿐만이 아니었다. 1995

년부터 2000년까지 신둥팡은 ETS와 교섭하는 과정에서 중국 학생들을 위한 좀 더 평등한 학습과 평가시험의 권리를 쟁취하기 위해 노력해왔다. 여러 가지 노력에도 불구하고 ETS의 푸대접과 냉대를 받을 대로 받은 신둥팡이 ETS와 정식으로 협상을 시도하고 있을 때, ETS는 신둥팡의 뒤에서 회심의 일타를 준비하고 있었던 것이다.

〈워싱턴포스트〉의 보도가 나간 후 중국 내에서 위민훙과 신둥팡은 삽시간에 뜨거운 주목의 대상이 되었고, 신둥팡을 다룬 보도에 대한 치열한 논쟁과 여론을 불러일으켰다.

2001년 1월, ETS는 미국의 각 대학에 '공개적인 편지'를 보내 미국의 각 대학원에서 '중국 입학 신청자들의 토플, GRE 점수에 대해 유의한 것'을 당부했다. 그들은 '공개적인 편지'에서 신둥팡은 정부와의 관계를 이용하기도 했다고 주장하면서 필요하다면 중국 지역의 시험 서비스를 중단하겠다고 밝혔다.

자신의 결백을 밝히고 해외유학을 준비하고 있는 수많은 중국 학생들과 중국과 미국 양국의 관계를 위하여 신둥팡은 이러한 상황을 묵묵히 받아들일 수가 없었다.

ETS의 무차별적인 공격에 맞서서 신둥팡은 반격을 가하기 시작했다. 신둥팡은 'ETS 위기처리팀'을 만들고 쉬샤오핑을 팀장으로 위촉하여 국내외 언론을 상대로 위기관리 및 대응에 돌입했다. 신둥팡과 ETS 간의 국제적인 스캔들은 각 언론의 주목을 끌었다. 위민홍은 솔직하게 자신의 의견을 이야기하고 신둥팡의 입장을 해명하면서 ETS와의 화해를 바라는 마음을 공개적으로 표출했다.

쉬샤오핑과 위민홍은 각각 〈워싱턴포스트〉와의 인터뷰를 진행했다.

2001년 2월 16일 17시 12분, 중국 시나닷컴은 신둥팡학교 교장단의 연합 성명을 발표했다.

신둥팡은 다년간 ETS와의 합작을 시도하는 과정에서 받은 부당한 대우와 ETS의 중국 학생들에 대한 불공정한 판권정책에 대해 설명했다.

"ETS는 다년간 중국의 시험시장에서 불공정한 판권정책을 시행해 왔습니다. ETS는 미국과 기타 세계 각국에 모두 공식적으로 권한을 위탁하고 자료를 출판해 왔지만, 중국 지역에서만 관련된 위탁을 해온 바가 없습니다. 이것은 중국 학생들이 합법적인 경로를 통해 관련 시험자료를 받아 볼 수 있는 권리를 빼앗아 간 행위이며 중국 학생들에게는 매우 불공정한 대우라고 볼 수 있습니다."

이러한 내용으로 신둥팡이 성명을 발표한 이후 ETS는 할 말을 잃게 되었다. 이어서 신둥팡은 ETS의 부정행위라는 지적에 대해서도 해명했다.

마지막으로 신둥팡은 재차 ETS에 대한 자신의 입장을 성의 있게 표명하면서 앞으로의 방향에 대해서도 밝혔다.

"신둥팡은 중국의 모든 동종 업계의 모범이 되어 솔선수범하여 ETS와 함께 합리적이고 중국 시장에 알맞은 규칙을 만들어 중국 학생들이 받아들일 수 있는 판권 협의를 하고 정당한 계약을 맺고 싶습니다. 신둥팡은 중국 수험생들과 중국의 해외유학 사업을 위하여 어떤 노력도 아끼지 않을 것이며 ETS와 공동으로 중국 시장의 저작권 규범화를 위해 노력할 것을 굳게 약속합니다."

성명 발표 이후 사회적인 여론은 신둥팡의 입장을 이해하고

인터넷으로도 만날 수 있는 〈워싱턴포스트〉 ▷출처: 〈워싱턴포스트〉 사이트

신둥팡 쪽으로 돌아서기 시작했다. 2001년부터 2004년까지 기나긴 마라톤 소송 중에 신둥팡은 위기 국면을 만회하고 천만 위안 이상의 배상금을 300만 위안 이하로 낮췄다. 동시에 ETS는 시험자료 등 관련 데이터를 중국 시장에 공개하고 권한을 부여하는 정책을 실시했다. ETS와의 다툼에서 신둥팡은 패소했지만 더욱 큰 사회적인 믿음을 얻었고 중국 유학생들을 위해 공식적으로 시험 자료를 받고 공부할 수 있는 길을 열어 주었다.

위민훙, 달팽이 인생

6

동방의 비밀

성적만이 첫 순위이다

영어는 언어이면서 사교적 도구이기도 하다. 그러나 불행하게도 중국의 많은 대학생들은 중학교 시절부터 영어를 배웠고 대학교에서 4급 또는 6급의 영어능력 시험(College English Test Band 4 또는 6, CET-4, CET-6)을 보았음에도 불구하고 정작 길에서 외국인을 만나면 당황하고 제대로 말을 못한다.

이러한 '국민 현상'에 대해 신둥팡의 언어전문가들은 많은 연구를 거쳐 다음과 같은 결론을 얻어냈다. 중국어는 실용성 위주로 편한 대로 이야기할 수 있지만 영어는 시험이 목적이었으므로 문법, 철자, 발음 등에서의 사소한 모든 실수들이 시험 점수와 직접적으로 관련된다. 따라서 영어는 사교적 도구가 아닌 시험 도구로 간주되어 중국의 학생들은 영어를 자유롭게 사용하지 못했던 것이다.

주입식 교육의 실용성 부족은 사교육계에 발전의 계기를 마련해 주었다. 신둥팡은 주입식 교육의 틈새시장을 노려 영어 회화와 듣기에 집중하여 강의 커리큘럼을 마련했다. 다른 학원에서 문제집 위주의 딱딱한 강의 방식에 집착하고 있을 때 신둥팡은 시험 문제의 규칙을 찾고 그에 맞는 방법을 연구하여 주입식 교육의 문제점을 보완했다.

위민훙은 신둥팡의 교육방식에 대하여 다음과 같이 말한다.

"신둥팡은 시험을 잘 보는 사람들을 길러 냈습니다. 왜 시험을 잘 보는 사람들을 키웠을까요? 세상에는 너무나 많은 시험을 통해 사람을 판단합니다. 모든 곳에서 시험 성적을 위주로 판단한다면 우리는 학생들에게 시험을 잘 볼 수 있는 방법을 가르쳐 주어 시간을 절약해 줄 것입니다."

시험 성적을 가장 중요하게 생각하는 불합리한 성적 평가체제가 존재하는 한, 신둥팡이 연구해낸 시험 잘 보는 기술에 대해

위민훙, 달팽이 인생

비판할 필요는 없다. 중요한 것은 시험이라는 장애물을 넘은 후에야 학생들은 비로소 마음을 열고 자유롭게 자신의 실력을 발휘할 수 있다는 것이다.

능력이 뛰어난 자는 과감히 채용한다

신둥팡에서 강사를 선발하는 방식은 특별하다. 신둥팡은 강사의 능력만 볼 뿐 학력 따위는 중요하지 않다고 생각한다. 강사는 강의 내용에 대한 이해와 열정, 유머 감각, 자신감, 이렇게 네 가지 기준을 만족시켜야 한다. 이것은 신둥팡만의 강사를 뽑는 기준이자 강사가 강의시간에 학생들을 심리적으로 편안하게 하여 더욱 풍부한 지식을 효과적으로 습득하도록 하는 요인이 된다.

네 가지 요소 중 열정, 유머 감각과 자신감은 '신둥팡의 정신'이라고 해도 과언이 아니다. 이것은 결코 학력으로 평가할 수 없는 부분이다. 아무리 많은 지식을 갖춘 사람이라 해도 신둥팡의 까다로운 평가 과정을 통과하고 신둥팡학교의 선생님이 되는 것은 결코 쉽지 않다.

신둥팡이 능력 있는 강사를 판별하는 방법은 간단하다. 즉, 수강 효과와 수강생 만족도이다.

위민훙은 강의 테스트와 점수제로 강사의 능력을 평가한다. 신둥팡은 먼저 수십 명의 수강생들에게 비용을 지불하고 '면접' 강의를 듣도록 한다. 학생들이 승인하지 않으면 강사는 첫 번째 평가에서 낙방하게 된다. 점수제 역시 학생들에 의해 평가되는 데 5점 만점으로 학생들이 주는 점수에 따라 합격 여부를 판단한다.

위민훙이 개발한 이런 강사 선발 제도는 가장 효과적으로 강사의 강의 능력을 평가할 수 있다. 조금이라도 경험이 부족하여 학생들을 다룰 줄 모르는 강사라면 당장 그 자리에서 수강생들에 의해 '해고'된다. 우수한 강사의 가장 중요한 역할은 학생들을 잘 가르치는 것이지, 인사담당자 앞에서 자기 자랑을 늘어놓는 일이 아니기 때문이다.

공감대를 형성하다

강사이자 경영자이기도 한 위민훙은 끔찍하게 학생들을 아낀다. 신둥팡에서는 어떤 이유에서든 수강생이 학원에 대하여 불만을 제기하며 환불을 요구하면 바로 들어준다. 일부 학생들이 말도 안 되는 무리한 요구를 하며 일부러 수강료를 환불받으려고 하다가 강사들과 분쟁이 생기는 경우에도 위민훙은 무조건 학생들의 편을 들어준다.

신둥팡 창업 초기, 수강 환경은 상당히 낙후했다. 폐쇄된 강철공장 부지에서 여름에는 선풍기조차 없이 몇백 명이 함께 강의를 들어야 했다. 위민훙은 수강생들이 조금이라도 더위를 덜느끼게 하기 위해 얼음 한 트럭을 싣고 와서 교실에 쌓아 두기도 했다. 정면에 쌓아둔 얼음은 보기만 해도 시원한 느낌을 주어 더위를 가시게 해 주었다.

여건이 좋아지기 시작하자 위민훙은 신둥팡 장학금을 설립하여 해마다 몇십만 위안의 장학금을 우수한 학생들에게 지급하기 시작했다. 또한 명절 때면 고향에 돌아가지 못한 학생들을 모아 함께 잔치를 열어 고향에 가지 못한 아쉬운 마음을 달래주기도 했다.

위민훙은 매번 장학금을 나누어 준 후 선생님이 학생에게 허리를 굽혀 세 번 인사하게 하였는데, 쉬샤오핑은 이러한 행동에 대해 불만을 표시했다. 그는 이러한 행동이 교사의 자존감을 낮출 수 있다고 생각했기 때문이다.

쉬샤오핑과 위민홍은 자주 다툰다. 위민홍이 모셔온 몇몇 엘리트들의 공통점을 이야기하자면 모두 위민홍과 다투기 좋아한다는 것이다. 다툼이 생길 때마다 위민홍은 조용히 듣기만 할 뿐이다. 하지만 학생들에 대해서만큼은 위민홍은 절대 양보하는 법이 없다.

언젠가 어느 수강생이 쉬샤오핑을 찾아가 두 시간 동안 상담을 받았고 문제는 잘 해결되었다. 그런데 그 수강생은 마지막으로 위민홍과 함께 만나서 이야기할 것을 요구했다. 수강생은 위민홍을 만나자 쉬샤오핑과 상담했던 내용을 또 한 번 위민홍에게 물었다. 위민홍은 친절하게 다시 설명해 주었지만 쉬샤오핑은 수강생의 태도에 대하여 화가 났다. 그는 차가운 목소리로 수강생에게 말했다.

"학생, 이 문제에 대해서는 이미 제가 자세하게 말씀드렸을 텐데요. 아직도 더 궁금한 부분이 있나요? 그럼 내일 다시 사무

위민홍, 달팽이 인생

실로 나와 저를 찾아오세요. 저희는 다른 할 이야기가 있으니 이만 돌아가 주세요."

그 수강생이 돌아가자 위민훙은 쉬샤오핑에게 크게 화를 내기 시작했다.

"당신이 뭔데 내 손님을 내쫓는 거요?"

위민훙은 이렇게 말하며 학생에 대한 쉬샤오핑의 '무례함'을 꾸짖었다.

●세계적인 사교육 기관으로 발전한 신둥팡(신동방)교육과학기술그룹

'신둥팡(신동방)교육과학기술그룹'은 1993년 설립되어 2006년 중국 교육업체로는 처음으로 뉴욕증권거래소에 상장하였다. 설립 초기에는 영어교육 사업만을 펼쳤으나 이후 유학 컨설팅, 도서 출판, 온라인 교육 사업 등 다양한 영역으로 확장하면서 세계적인 사교육 기관으로 성장하였다. 위민훙은 빠르게 진화하고 있는 중국의 교육 공간에서 외국 대학에 입학하기 위해 영어 시험을 준비하는 학생들을 대상으로 최상의 교육 프로그램을 제공하고 있다. 또한 학생을 가장 먼저 생각하고 제일 중요하게 여기는 위민훙의 마음은 신둥팡(신동방)교육과학기술그룹의 가치를 더욱 높여 주고 있다.

신동팡은 위민훙에서부터 솔선수범하여 학생들을 사랑하고 존경하는 분위기가 넘친다. 학생들을 향해 세 번 허리 굽혀 인사하는 것, 그것이 바로 '신동팡'이라는 브랜드가 반짝반짝 빛날 수 있었던 가장 큰 이유일 것이다.

7

성장과 성공

'신둥팡 정신' 파헤치기

'신둥팡 정신'이란 무엇일까?

'신둥팡 정신'은 신둥팡의 주요 구성원들이 자신이 직접 겪은 경험담과 사례로 보여주는 일반인들의 성공 일대기이다. 신둥팡은 이러한 성공담을 통해 수강생들에게 용기를 북돋워 주고 '누구나 할 수 있다'는 믿음을 심어준다. 신둥팡 학원의 교훈은 '최고를 위해 한계에 도전하며 절망 속에서 희망을 찾는다면 인생은 반드시 휘황찬란하게 빛날 것이다.'이다.

신둥팡 정신은 위민훙이 항상 강조하여 말하는 신둥팡의 핵심 경쟁력이다.

그러나 신둥팡 정신은 실용주의적 색채가 짙으며 위민훙이 말하는 이상주의와 차이가 많이 난다. 이런 실용주의는 성공을 원하는 청년들에게는 효과적이지만 업계 내의 일부 시선은 결코 곱지 않으며 인정해 주지도 않는다.

신둥팡 정신은 실용주의와 이상주의의 이중성을 가지고 있다. 신둥팡 정신은 신둥팡의 간판으로 학생들에게는 큰 역할을 하지만, 상업적으로 광범위하게 활용되면서 "백년대계의 교육으로 나라에 보답하겠다."는 위민훙의 의지는 사람들의 비웃음을 받게 된다.

신둥팡 정신은 일부 사람들에게 인생의 방향을 제시해 주지만 그들의 대부분은 물질적 풍요로움만을 인생의 목표로 삼은 사람들이다. 따라서 신둥팡 정신은 시대적인 매력을 갖지 못한다고 비난을 받기도 한다.

신둥팡 정신은 상업화의 산물이다. 학생들의 강의 수강이나 도서 출판 등 신둥팡의 모든 것들은 상업적인 목적이 우선이다. 따라서 시장경제의 큰 환경 속에서 신둥팡 정신은 돈벌이의 수단으로 간주된다.

위민훙, 달팽이 인생

신둥팡 정신은 마치 우렁찬 구호처럼 사람들의 마음을 뜨겁게 달아오르게 하고 흥분시키지만, 이 정신을 마음에 품고서는 사회적으로 이상이 결핍되고 물질적인 이익만 추구하는 환경에서는 결코 성공할 수 없다.

신둥팡의 기적을 이루고 항상 신둥팡의 정신을 강조하는 위민훙. ▷출처: 바이두 백과

어떻게 해야 신둥팡 정신을 깊이 있는 사상과 이상으로 만들 수 있을 것인가? 이것은 신둥팡의 새로운 과제이다. 지식인이 갖추어야 할 도덕적인 표준과 상업적인 이익의 추구, 이 양날의 검을 어떻게 효과적으로 사용해야 할지는 신둥팡의 엘리트들이 풀어야 할 숙제이다.

신둥팡에서의 성장

신둥팡의 성공기를 듣다 보면 분명히 남다른 부분을 발견하게 된다. 장야저(張亞哲)는 위민홍의 강의를 듣고 다음과 같이 평

> **● 중국어 보통화와 광둥어**
> 보통화(普通話)는 표준 중국어를 뜻한다. 중국 정부에서 표준 중국어 보통화를 공식 언어로 채택하고 있지만, 외진 도시나 농촌에서는 중국인들조차도 알아들을 수 없는 자기 지방의 사투리를 주 언어로 사용하고 있는 실정이다. 광둥어는 중국어 보통화의 사투리 중 하나로 중국 남부 지방에서 사용하는 언어이다. 그 외 중국이라는 나라가 매우 크기 때문에 수많은 소수 민족들이 사용하는 사투리도 많이 존재한다.

가한다.

"위민홍의 영어 발음은 표준화된 발음이 아닙니다. 중국어 보통화도 어눌하고요. 하지만 이런 평범하고 소박한 모습이 강단 아래의 학생들을 감동시키는 것 같습니다. 위민홍을 보고 있으면, 이런 사람도 성공했는데 나라고 못 해낼 것이 없지 않은가 하는 생각이 듭니다."

오늘날의 신둥팡을 있게 한 '신둥팡 정신'의 가장 중요한 핵심 요소와 성공 요인은 무엇일까?

많은 대학교와 학원에서는 주입식 교육에만 집중하고 학생들을 테스트에 맞춘 기계로 훈련시킨다. 이런 교육방식은 시험에서 높은 점수를 받게 하지만 학생들이 받게 될 스트레스는 이만저만이 아닐 것이다.

이러한 문제점을 파악한 신둥팡은 학생들에게 지식을 가르치는 동시에 끊임없이 열정을 불태워준다. 신둥팡에 산재하는 수많은 성공담들은 고강도의 학습 분위기에서 학생들의 스트레스를 완화시켜주고 열정과 희망을 심어주는 가운데 탄생한 이야기들이다.

열정적으로 강연하며 학생들에게 희망과 의지를 심어주고 있는 위민훙
▷출처: 바이두 백과

우선 신둥팡은 학생들에게 다음과 같은 목표를 설정해 준다.

'영어를 잘해서 해외로 유학을 가고 성공하자!'

물론 이것은 매우 평범하고 식상한 말같이 들리지만 적어도 공부하는 학생에게는 목표가 생긴다. 아무 생각 없이 공부하는 것보다 목표를 가지고 공부하면 결과가 달라질 수 있다. 설사 해외유학을 가지 못하게 되더라도 영어 하나는 제대로 배울 수 있게 된다.

신둥팡은 제일 먼저 학생들에게 눈에 보이는 단기 목표를 세워준다. 장기 목표와 인생의 목적지는 각자 자기 나름대로 세우게 될 것이다. 만약 모든 학생들에게 똑같이 큰 목표를 세워 놓는다면 학생들은 자주권과 자아의식을 잃게 되며 공부와 시험의 도구로 변해버릴 것이다.

그다음 신둥팡은 '기적'을 말한다. 신둥팡은 다양한 기적적인 이야기들을 말해준다. 자신에게는 일어나기 힘든, 기적 같은 이야기로 들릴 수도 있지만, 눈앞에 있는 사람이 직접 겪은 성공담은 일반인들에게 희망을 가져다준다.

'기적'과 '평범'함은 한 치 차이이다. 신둥팡은 목표를 세우고 끊임없이 노력하면 꿈은 반드시 이루어진다는 것을 힘 있게 역설한다.

그리고 신둥팡은 수강 장소에 대한 연구를 많이 하며 대부분 천 명 이상 수용이 가능한 대형 홀을 이용한다. 이것은 첫째로 원가를 줄이기 위한 계산도 있지만 더욱 중요한 이유는 수강생들에게 주는 심리적 암시 효과가 더 크기 때문이다. 수강생들은 이런 대강당에서 수많은 학생들과 함께 강의를 들으면서 서로 간의 영향을 받게 되고 공동으로 '기적'을 만들어 갈 수 있다는 분위기에 젖게 된다. 이런 잠재된 인식은 수강 효율을 높이는 데 더욱 효과적이다.

위민홍, 달팽이 인생

8

갈 길은 아직 멀다

위민훙의 새로운 고민

2006년 9월 7일, 신둥팡이 미국에서 상장한 뒤 위민훙은 거대한 자본과 함께 '중국에서 가장 부유한 선생님'이 되었다. 신둥팡의 미국 상장과 더불어 위민훙은 하루아침에 유명 인사가 되었다.

신둥팡은 설립 초기, 작고 허름한 학원에서 시작되었고 밥벌이가 목적이었다. 그 누구도 신둥팡이 훗날 중국에서 가장 유명한 사교육그룹으로 성장할 줄은 몰랐다.

신둥팡은 사립교육원이다. 지명도나 규모 면에서는 국립대학과 비할 바가 못 된다. 그렇다고 국립대학에 의지하여 언어교육원을 운영하다면 많은 제약을 받게 되고 여러 부분에서 불편함을 겪게 될 것이다.

그래서 신둥팡은 사립학원을 선택했다. 사실 신둥팡 창업 초기만 해도 중국의 사교육시장은 아직 초기 단계에 머물러 있었다. 위민홍은 작은 외국어학원을 세웠지만 신둥팡은 중국 사교육 업계의 최고봉을 이루었고 사립교육원의 우세를 유감없이 발휘하였다.

상장 이후 신둥팡의 투자자의 대부분은 미국인이었고 그들은 중국의 교육시스템을 잘 몰랐다. 이런 상황 속에서 신둥팡은 어떻게 주주들의 믿음을 얻고 중국의 특수한 교육업계 내에서 상업적인 활동을 할 수 있었을까?

신둥팡이 미국에서 상장하기 전에 위민홍은 다음과 같이 말한 적이 있다.

"가능하다면 나는 지금이라도 퇴직하고 싶습니다. 작은 시골 마을에 학교를 세우고 아이들을 가르치면서 내가 좋아하는 학문을 연구하고 싶습니다. 그러다가 시간이 날 때마다 여행을 다니는 그런 삶을 살고 싶어요."

위민홍, 달팽이 인생

신둥팡이 상장한 후 신둥팡의 회장으로서 위민훙은 더욱 큰 부담감을 가져야 했고 더욱 많은 변수를 상대해야 했으며 더욱 뛰어난 용기와 지혜를 필요로 했다. 위민훙은 퇴직하기 전에 자신을 대체하여 신둥팡을 더욱 멋진 미래로 이끌어 갈 만한 후계자를 찾아야 한다. 상장회사로서의 신둥팡과 교육그룹이라는 특별한 업종 모두를 잘 알고 경영할 수 있는 사람을 찾기란 결코 쉽지 않다.

오늘날의 위민훙은 신둥팡의 회장일 뿐만 아니라 뉴욕 증시 상장 기업의 회장으로서 그의 일거수일투족은 수많은 주주들과 투자자들의 이익에 영향을 미치게 된다. 위민훙의 '퇴직'은 개인의 선택일 수 없으며 그의 모든 선택은 주주들의 동의를 받아야 한다.

신둥팡은 매우 복잡한 상업그룹이다. 관리운영시스템이나 관리층 구조 모두가 일반 기업들과 다르다. 또한 신둥팡은 깊은 인문학적 정서를 가지고 있는 자유주의 기업이기도 하다. 신둥팡 내부에서 함께 성장 과정을 겪지 않은 사람은 절대 '신둥팡 정신'이 무엇인지 이해할 수 없으며 신둥팡의 기업문화를 이해하기 어렵다.

신둥팡의 어제를 모르는 사람은 신둥팡의 오늘을 알고 신둥
팡을 제대로 관리할 수 없으며, 신둥팡의 내일이라는 새로운 무
대로 이끌어 가기 힘들 것이다. 신둥팡의 어제와 오늘을 알고 내
일로 이끌 수 있는 사람은 오직 위민훙 한 사람뿐이고 그를 대
체할 사람은 아직 나타나지 않았다.

스스로가 미로이다

위민훙의 좌우명 중의 하나가 '백년대계의 교육은 나라를 위
한 마음(百年敎育報國心)'이라고 한다. 교육은 지식을 가르치고
사람을 키우는 일이다. 그런데 위민훙의 신둥팡에서 가르치는
것은 '도의(道義)'가 아닌 기술이다. 시험을 통과하는 기술인 것이
다. 위민훙 역시 신둥팡을 처음 세우고 운영할 당시에는 신둥팡
을 해외유학을 가기 위한 돈벌이 수단 정도로만 생각했다. 이런
시각에서 볼 때 신둥팡은 상업적인 학원이지 진정한 교육기관은
아니다.

위민훙은 신둥팡을 운영하면서 학생들에게 자신의 성공담을

자주 들려준다. 위민훙은 수천만 명의 학생들의 열정으로 불타오르는 눈빛을 보면서 인생의 목표와 성공으로 가는 길, 성공한 이후의 자신의 심리 조절 등에 대하여 솔직하게 이야기한다.

그러나 이런 '교육적인' 강의 안에는 역시 깊은 상업적인 의지가 숨어 있다. 더욱 많은 사람들을 신둥팡으로 끌어들이기 위한 목적으로, 신둥팡에 오기만 하면 위민훙처럼 참새가 봉황으로 변할 수 있다고 주장하는 것이다.

중국의 오래된 전통적인 교육관념은 도덕수양과 사상교육을 중요시하고 기술양성을 천대해왔다. 위민훙은 신둥팡이 마치 하버드대학교나 스탠퍼드대학교처럼 언젠가 중국에서 가장 좋은 사립대학이 되기를 바랐다. 하지만 하버드대학교나 스탠퍼드대학교는 모두 비영리대학이다. 중국이라는 거대한 교육시장의 환경 속에서 신둥팡은 돈이 없이는 단 하루도 운영될 수 없으며, 이러한 의미에서 위민훙의 꿈은 사치스러운 것이다.

신둥팡은 태생에서부터 교육과 기술양성 사이에서 방황하고 있으며 기술양성으로 돈을 벌어들이면서 교육이라는 구호를 소리 높여 외치고 있다. '기술양성' 위에 '교육'이라는 꽃을 얹어 좀 더 아름답고 그럴듯하게 보일 뿐이다. 이상주의를 껴안고 이익 분배가 끝난 후의 나머지 돈으로 어려운 학생들을 도와줌으로써 자아만족을 한다.

● 오랜 역사를 자랑하는 하버드대학교(Harvard University)
하버드 대학교는 1636년 매사추세츠 식민지 일반의회(Great and General Court of Massachusetts Bay Colony)의 투표를 거쳐 설립되었다. 1639년, 책과 유산을 기증한 영국 청교도 목사 존 하버드의 이름을 따서 하버드대학교가 되었다. 미국의 매사추세츠 주 케임브리지 시에 있는 사립 종합대학교로, 미국 동부의 8개 명문 사립대학인 아이비리그에 속해 있다. 미국에서 가장 오래된 대학교이자 세계의 일류 대학 가운데 하나이다.

위민홍, 달팽이 인생

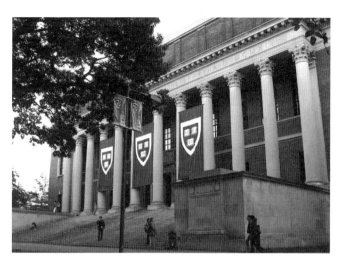

하버드대학교 교정 ▷출처: Wikimedia Commons

신둥팡은 정확한 길을 선택했다. 이것은 적절한 시기가 낳은 성공적인 길이었다. 신둥팡은 영어와 기타 기술 양성학원을 경영하는 동시에 그 위에 교육이라는 요소를 추가하여 위민훙의 '존재감'을 만족시켰으며 신둥팡이라는 브랜드가 남달라 보이게 만드는 데 성공했다.

모든 이상은 물질적인 기초를 떠나면 현실적이지 않다. 신둥팡 역시 상업적인 무대에 서야만 '교육'이라는 춤을 더욱 멋지게

출 수 있으며, 시장경제의 환경 속에서는 이익추구라는 가장 본질적인 목적을 떨쳐버릴 수 없다. 위민훙 자신이 항상 곤혹스러워하는 문제가 바로 '비즈니스맨과 교육자는 모두 세상을 바꿀 수 있는 사람이다. 그러나 왜 그들은 대립 면에 서야 하는가?'이다.

오늘날의 신둥팡은 무수히 많은 꿈을 현실로 만드는 '드림팩토리'로 불리고 있으며 수천만 명의 수강생들이 신둥팡을 통해

● 자유의 바람, 스탠퍼드대학교(Stanford University)

스탠퍼드 대학교는 릴런드 스탠퍼드가 설립한 사립대학으로 1891년에 개교하였고 미국 캘리포니아 주 스탠퍼드 시에 있다. 연구 중심의 대학으로 미국 최고의 사립대학 가운데 하나이다. 학교 가까운 곳에 세계적인 첨단 산업 기지인 실리콘 밸리가 위치해 있어서 더욱 많은 교육과 연구 기회를 누릴 수 있다는 장점을 지니고 있다. 학교의 교훈은 'Die Luft der Freiheit weht.(자유의 바람이 불어온다.)'이다.

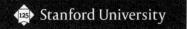

스탠퍼드대학교 캠퍼스 전경
▷출처: Wikimedia Commons

스탠퍼드대학교 캠퍼스 안에 세워져 있는 로댕의 〈칼레의 시민〉
▷출처: Wikimedia Commons

공부하고 유학의 꿈을 이루어낸다. 그러나 정작 드림팩토리의 리더인 위민훙은 자신의 꿈을 이루지 못하고 있다. 비즈니스맨과 교육자의 이중 신분 중 어느 것이 가장 진실된 자신인지 그는 아직 결론을 내리지 못했다.

위민훙의 수입이 더 이상 가르침을 통해 얻은 것이 아닐 때, 위민훙이 뉴욕증권거래소의 강단에 올라섰을 때 위민훙은 돌아올 길이 없다. 그는 상인이 되었고 더 이상 선생님이 아니다. 위민훙이 인사팀과 재무팀 사이에서 분주하게 돌아다니고 회사와 주식시장 사이에서 고민하고 있을 때 강단에서 글을 가르치던 위 선생은 점점 멀어져 간다. 신둥팡이라는 배는 저 멀리 넓은 바다로 나아갔다.

그러나 위민훙은 아직 포기하지 않았다. 그는 스스로를 '비즈니스맨이자 선생님'이라고 말한다. 그는 경제인이라는 자신의 모습에서 교육자의 분위기를 내기 위하여 어떤 노력도 아끼지 않고 있다.

위민훙은 사람들이 자신을 '위 선생'이라고 부르는 것을 제일 좋아한다. 위민훙은 강의와 연설을 가장 좋아한다. 그는 강단에

서서 수많은 청중들의 흠모에 찬 눈빛 속에서 가장 큰 만족감을 느낀다.

그러나 현실은 이상주의자이자 '교육자'인 위민홍이 끊임없이 자신의 순결한 양심을 버리게 만들며 수강료 문제, 연말 이익분배와 같은 세속적인 일들로 고민하도록 만든다. 신둥팡이 더욱더 커질수록, 더욱 많은 이익을 창출할수록, 주가가 상승할수록 위민홍은 더욱더 복잡해지는 인간관계와 이익분배 사이에서 분주히 움직이고 고민하면서 교육자라는 신분에서 점점 멀어져 가게 된다.

위민홍은 교사에서 학생, 다시 학생에서 교사, 교사에서 다시 경영인이 되기까지 위대한 신화를 창조했지만 초기의 이상과 꿈을 잃어버렸다. 주변 사람들의 존경을 받는 사람, 높은 강단에 서서 초롱초롱한 눈빛들을 한 몸에 받는 사람이 바로 위민홍이다. 그러나 그는 이미 너무 멀리 왔다.

이러한 위민홍이 자존감을 만족시키기 위해 선택한 길이 바로 자선사업이다.

위민홍은 전형적인 중국 지식인의 대표적인 인물이다. 위민홍이 단순한 경영인이었다면 불안해하지 않았을 것이고, 그가 만약 단순한 선생님이었다면 돈을 많이 벌었다는 자괴감에 빠지지 않았을 것이다.

베이징대학교 강사 시절, 위민훙은 돈을 벌어 식구들을 먹여 살려야 했다. 그러나 자산가치 2억 위안에 달하는 부를 쌓은 지금의 그는 자신이 아무도 없는, 까마득하게 높은 산꼭대기에 홀로 서 있음을 발견했다. 산 정상의 풍경은 그가 원하던 것이 아니었다.

신둥팡이라는 민간 교육그룹에서 모든 선생님이 자신의 모든 것을 바쳐 학생들을 가르치고자 하는 숭고한 사명을 가지고 일하는 것은 아니다. 대부분의 사람들은 높은 연봉과 성공을 바라보고 일하고 있으며, 학생들 역시 지식에 대한 갈망보다 단시간 내에 시험에서 높은 점수를 받아 해외유학을 떠나려는 목적을 가지고 있다.

위민훙은 기업의 경영 방향을 바꾸어 보았다. 그는 단일화된 언어교육학원에서 직업교육, 기초교육, IT교육, 출판 등 다방면으로 신둥팡의 사업 분야를 확장했다. 유치부부터 노인대학까지 아우르는 온오프라인 교육 시스템을 만들어 '교육'이라는 모든 분야를 다루고자 했다.

그러나 경영 방향은 바뀌었지만 이익의 본질은 바뀌지 않았다. 위민홍은 다음과 같이 말한다.

"저는 신둥팡의 주식을 전부 버리고 싶을 때가 많습니다. 팔아버리거나 남에게 준 뒤 신둥팡을 떠나고 싶습니다. 그리고 나

잡지의 표지 모델로 나선 위민홍의 모습.
▷출처: 바이두 백과

서 제가 할 수 있는 좀 더 유익한 일을 하고 싶어요. 글을 쓰거나 홀로 여행을 다니거나 산간 지역에 가서 아이들을 가르치고 싶습니다. 저는 중국 서북 지역의 땅을 사서 그곳을 푸르른 녹지로 가꾸고 싶어요. 저에게는 시골 마을이 더욱 따뜻하게 다가옵니다."

시골 마을에서 태어나고 자란 위민홍은 결국 처음 왔던 곳으로 돌아가고 싶어 했다.

내일을 위해 계속 앞으로 나아가는 신둥팡

해외상장 이후, 신둥팡은 이전의 경영시스템을 바꾸었다. 학생들에게 학비를 받은 뒤, 그 돈으로 신둥팡을 운영하고 남은 이익으로 업무확장을 진행하던 시스템에서 해외의 핫머니를 들고 더욱 큰 사업을 벌이는 시스템으로 바꾸었다.

미국 사람들의 돈으로 중국의 교육자원을 통합해 보자는 것이 위민홍의 의도였다.

위민홍은 벌어들인 돈으로 학교 건물을 짓고 학습 환경을 바꾸었으며 더욱 우수한 강사들을 모아 강의 수준을 제고하였으며 기타 우수한 민영 교육기업을 인수하였다. 해외시장을 이용하여 중국의 교육환경을 개선하는 데에도 돈이 필요했고 돈이 없는 신둥팡은 모래성에 불과했다.

위민훙은 돈 한 푼도 헛되이 쓰지 않고 가치 있게 쓰기 위해 노력해왔다. 위민훙은 다음 세 가지 점을 중심으로 신둥팡의 변화와 발전을 추구했다.

첫째, 신둥팡의 기본 사업인 외국어 교육에 관한 시설을 개선하고 영역을 확장했다.

신둥팡은 비록 외국어 교육시장에서 절대적인 우위를 차지하고 있지만 독점적인 위치를 차지하고 있는 것은 아니었다. 현재 시점에서는 신둥팡을 능가할 브랜드가 없다고 하지만, 앞으로 새로운 시대의 승자는 누가 될지 아무도 장담할 수 없다. 늘 변화하는 시장경제 속에서 비슷한 시스템으로 운영하고 있는 다른 학원이 새로운 무엇인가를 내세워 언제든지 새 시대의 승자로 올라설 수도 있다.

위민훙은 외국어 교육 분야에서 끊임없이 영역을 확장하고 자원을 공유하고 시장을 통일하여 외국어 교육계에서의 자신의

환하게 웃고 있는 위민홍. 사진 속의 위민홍을 보고 있으면 위민홍과 신둥팡 앞에는
빛나는 미래만 펼쳐져 있을 것만 같다.　　　　　　　　　　　　　▷출처: 바이두 백과

지위를 공고히 하고 있다.

　둘째, 직업교육, 학위교육 영역으로의 확장을 시도했다.

　신둥팡은 외국어 교육시장에서 기초를 다지고 다른 영역으로
확장을 추구해왔다. 교육정책이 어떻게 변화하든지 '과학기술과
교육으로 나라를 일으킨다.(科教興國)'는 중국의 기본 방침은 변
함없을 것이다. 위민홍은 '교육' 시장을 포기하지 않았다. 그는

온라인교육, 직업교육, 학위교육 영역에서도 신둥팡의 브랜드 이미지를 굳혀 갔다.

셋째, 자신의 영역에서 연구 개발을 게을리하지 않았다. 신둥팡은 최고봉에 서 있지만 현재의 성공에 안주하고 멈춰 서 있지 않는다. 위민훙은 연구 개발을 위한 투자를 아끼지 않는다. 그는 신둥팡이 끊임없이 변화하고 발전하기를 바라며 그러기 위해서는 결코 멈춰 서서는 안 된다는 것을 잘 알고 있다.

신둥팡은 중국의 민간 교육업계의 성공 표본이다. 그러나 위민훙은 신둥팡이 단지 표본에서 멈추기를 바라지 않는다. 이러한 위민훙의 바람과 노력에 비추어 볼 때, 신둥팡의 성장은 앞으로도 지속될 것이다.

위민훙 개인의 꿈

1963년 8월 23일, 미국의 흑인 해방 운동 지도자인 마틴 루서 킹은 링컨기념관 앞에서 25만 명의 청중들에게 인종 간의 차별을 철폐하고 모두가 평등한 세상을 만들자고 외쳤다. 이 연설이 '나에게는 꿈이 있습니다.(I have a dream.)'라는 문장으로 유명한

● 마틴 루서 킹의 연설문 'I Have a Dream' 중에서

나에게는 꿈이 있습니다. 언젠가 이 나라가 깨어나서 진정한 의미의 국가 이념을 실천할 것이라는 꿈, 즉 모든 인간은 평등하게 태어났다는 진리를 우리 모두가 분명한 진실로 받아들이는 날이 올 것이라는 꿈입니다.

나에게는 꿈이 있습니다. 조지아 주의 붉은 언덕에서 과거에 노예로 살았던 후손들과 노예 주인의 후손들이 형제처럼 손을 맞잡고 식탁에 함께 앉게 되는 날이 올 것이라는 꿈입니다.

나에게는 꿈이 있습니다. 삭막한 사막으로 뒤덮여 불의와 억압의 열기가 이글거리는 미시시피 주가 자유와 정의의 오아시스가 되리라는 꿈입니다.

나에게는 꿈이 있습니다. 언젠가 우리 아이들이 피부색을 기준으로 사람을 평가하지 않고 인격을 기준으로 사람을 평가하는 나라에서 살게 되리라는 꿈입니다. 지금 나에게는 꿈이 있습니다!

마틴 루서 킹(1929~1968). 미국의 침례교 목사로 비폭력주의의 원칙을 지키면서 흑인 차별 철폐 운동에 앞장섰다.
▷출처: Wikimedia Commons

'나의 꿈'이다.

위민홍에게도 꿈이 있다.

위민홍은 더 이상 가난 때문에 공부를 하지 못하는 아이들이 없는 세상을 꿈꾼다. 일생을 살아가면서 가장 소중한 시간을 생계 때문에 기회를 잃어버린다는 것은 너무나 가슴 아픈 일이다. 그는 중국의 편벽한 시골에 학교를 지어 아이들이 마음껏 공부를 할 수 있기를, 시골 아이들도 도시의 아이들과 평등한 교육을 받을 권리를 누릴 수 있기를 바라는 꿈을 꾼다.

위민홍은 중국의 아이들이 가난하거나 부유하거나 똑같이 넓고 밝은 교실에서 지식을 배울 수 있기를 바란다. 또한 그는 비영리성 문화서원을 열어 사람들을 모으고 중국과 서방의 문화 차이를 연구하고 사회에 유익한 과제들을 풀어갈 수 있기를 바라고 있다. 그는 모든 학자들이 자신만의 공간을 가지고 그곳에서 경제적인 조건에 구애받지 않고 마음껏 학문을 연구할 수 있기를 바란다.

아직 위민홍이 이루지 못한 꿈들이다.

국제고등학교, 중국 교육의 변화

2010년 9월, 베이징 창핑 신둥팡 외국어학교가 정식으로 문을 열었다. 이 학교의 개교식에서 위민훙은 중국의 교육시스템을 바꾸고 싶은 자신의 꿈과 이상에 대하여 다음과 같이 이야기했다.

"어떤 것이 완벽한 교육일까요? 중국과 서양의 교육방식을 유기적으로 결합시키고 인격을 중요시하며 개성을 살릴 수 있는 교육, 사회적 책임과 사회 기여능력을 키울 수 있는 교육이 완벽한 교육입니다."

위민훙, 달팽이 인생